書系緣起

早在二千多年前，中國的道家大師莊子已看穿知識的奧祕。莊子在《齊物論》中道出態度的大道理：莫若以明。

莫若以明是對知識的態度，而小小的態度往往成就天淵之別的結果。

「樞始得其環中，以應無窮。是亦一無窮，非亦一無窮也。故曰：莫若以明。」

是誰或是什麼誤導我們中國人的教育傳統成為閉塞一族。答案已不重要，現在，大家只需著眼未來。

共勉之。

艾瑞克・洛內甘、馬克・布萊斯——著
吳國卿——譯

憤怒經濟學

ANGRYNOMICS

ERIC LONERGAN AND MARK BLYTH

物價飆升、薪資凍漲、貧富差距惡化，

資本主義運作當機
如何讓我們感到憤怒？

推薦序

「憤怒經濟學」是啥米？

吳惠林（中華經濟研究院特約研究員）

已故的蔣碩傑院士，強調「經濟學為人類智慧結晶」，是關係著國計民生極其重要的一門科學。他以中國共產黨實施錯誤的馬列史毛經濟政策，使三十餘年的經濟一無成就，人民一窮二白；而自由世界國家中，拉丁美洲諸國也因採取錯誤經濟政策，致人民窮困、成長停滯，唯有物價騰漲不已做說明。蔣先生心目中的經濟學是「自由經濟學」，或者是「市場經濟」，或者是「資本主義」，不是「凱因斯經濟學」，也不是「庇古經濟學」，也不是「數理經濟學」。

資本主義市場經濟

眾所周知，經濟學是一七七六年之後才出現的，創始者是亞當．斯密（Adam Smith），因為他在那一年出版了《原富》（*An Inquiry into the Nature and Causes of the Wealth of Nations*，被熟知的中譯名是《國富論》，而此譯名很容易與「經濟國家主義」相聯結，與該書內涵扞格）。這本經典強調「分工」、「不可見的手」（市場或價格機能），而當時正是工業革命、動力、資本、工業化熾熱，總括來說，是「資本主義」掛帥。

在市場經濟價格機能自由運作下，供需平衡、經濟成長，社會呈現充分就業，政府在經濟層面上沒有角色；但一九二〇年代末全球經濟崩潰、一九三〇年代經濟大恐慌，「失業遍野、大過剩」出現，被認定「價格失能」，資本主義受到撻伐。而凱因斯在一九三六年提出「政府創造有效需求」財政政策，讓政府踏上經濟舞台「精密調節」經濟，被認為挽救了資本主義，讓全球經濟重回成長之路。

但一九七〇年代「停滯膨脹」的經濟停滯和通貨膨脹併存局面，又打擊資本主義，而一九八〇年代雷根和柴契爾夫人領頭的所謂「新自由主義」躍起。在私有化、全球化下，讓經濟成長、繁榮再起。但金融病毒卻悄悄侵蝕，而金融泡沫的破滅到二〇〇八年全球金融海嘯達到最高潮，歐債危機、零利率、負利率，以及印鈔救市、量化寬鬆讓通貨膨脹蠢蠢欲動。二〇二〇年新冠病毒全球化又讓管制窒息經濟，失業、經濟衰退相繼來到，貧富懸殊到了極點，世人的鬱卒、悲憤、無力感達沸點。有沒有什麼靈丹妙藥當解方？

期待資本主義四．〇？

在這本《憤怒經濟學》書中，洛內甘與布萊斯兩位作者，以對談方式，將十八世紀以來的全球經濟變遷，配合「經濟學」的演化，以資本主義一．〇、二．〇、三．〇三個階段的起伏，詮釋全球經濟的故事。著重在「政府財政、貨幣政策」對整體經濟的補破網。特別對一九八〇年代資本主義三．〇版金融產業全球化、系統性發展，以致於演變成金融風暴、總體經濟當機，而政府紓困給犯錯的富人，且工人被裁、失業升高、薪資停滯、個人工作不穩定，加上第四次工業革命六十%工作被自動化、人口老齡化、財富所得的極端不平等且貪腐的氾濫，大多數世人對日常生活所處的世界，感到越來越不確定、不公平，於是一股不斷上升的憤怒浪潮席捲全球。

兩位作者經由檢視和分析後，以憤怒經濟學（或資本主義四．〇）提出化解問題的「激進」全新解決方案，強烈建議將緊縮政策束諸高閣，而實施龐大的寬鬆財政方案，如發現金給家庭、雙軌利率、「無限制」的量化寬鬆等等。

誠如作者所言，他們所提出的寬鬆政策，已在美國和歐洲浮上枱面。不過，這種擴大版的「凱因斯提升有效需求」極端寬鬆政策，會不會讓人類走入「毀滅之路」，很值得深思！

儘管我不認同本書作者所建議的措施，但本書對全球政經現狀的陳述，尤對當今黑板經濟學的評述，很值得參酌。作者認為，經濟學是一幅強大的世界地圖，但過去三十多年來的這幅地圖研究的是理論、模型，已越來越無法描述大多數人的經驗和關心的事務，在某個時候，我們對世界的經驗與用來解釋它的模型之間的脫節已經過了頭。他們指出，現在的經濟學似乎已無法解釋，為什麼生活的壓力不斷升高，而同時人均收入卻在增加，也無法解釋，為什麼領養老金者的收入仰賴納稅的工作者人數，但他們反而比其他族群更反對外來移民呢？為什麼我們看到民族主義在各國興起，但卻老是聽到全球化已讓我們整體變得更有錢？我們對世界的經驗和菁英用來解釋和合理化世界的經濟模型間的鴻溝，已經大到無法忽視，而且菁英追求自利也被戳破。作者召喚大家回到「憤怒經濟學」的世界，究竟這個世界是怎麼一回事呢？還是得煩勞大家閱讀這本書。

最後，個人建議大家收起「仇恨」和「憤怒」心理，仔細思量、審慎判斷本書建議的這些很可能在民主選舉社會中會被政客推銷並實施的措施，所產生的後果之良窳，慎重投下神聖一票。畢竟自由民主社會的主人是個人，每個人都要負起責任，不要全推給官員、民意代表和所謂的專業知識分子。

Contents

「一個人的格局，從讓他憤怒的事情就能看出。」

——溫斯頓．邱吉爾（Winston Churchill）

前言

從經濟學到憤怒經濟學

From Economics to Angrynomics

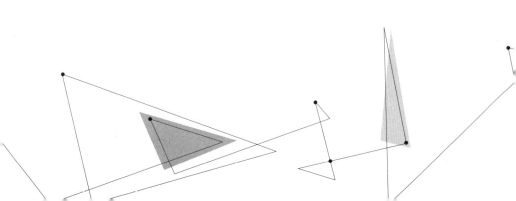

強大的社會在遭到重擊後能夠反彈回升。想想冰島。如果二〇〇八年金融危機前是一場派對，冰島就是派對的中心。四家冰島銀行瘋狂地進行國際擴張，讓它們的資產負債表膨脹到冰島經濟規模的十倍（它們收購東西並希望未來能增值）。當那些銀行破產時，冰島的經濟隨之傾覆。這稱得上是國家經濟遭到史詩級的重擊。

冰島的銀行家雖然曾經魯莽行事，但他們和他們的同事有頭腦。當經濟崩潰後，許多這些人才不得不回家玩電腦遊戲——冰島晚上的時間很長。然後他們靈機一動：線上遊戲是一項全球性產業，需要許多電算力。電算力製造熱能，熱能需要冷卻。為什麼不把線上遊戲、比特幣挖礦和其他許多運算用的伺服器放在冰島的地下（提示：跟冰有關），讓它們在那裡運作？他們真的這麼做了。冰島有一些幫助失業者重新創業的支援機構，這讓他們可以重新思考自己的選項，並重新部署手邊的資金。

金融危機無疑地造成了傷害，但拜這些機構所賜，危機也鼓勵了整套新構想和創新的發展，使這個被二〇〇八年危機「搞得最慘」的國家，比起幾乎所有其他國家更快站起來。到了二〇一六年，冰島已完全復甦。薪資已比危機前更高，失業率降至低水準，消費者信心高漲。觀光業欣欣向榮，部分原因是十年前的危機導致貨幣大幅貶值，使冰島變成更低廉的觀光景點。十年後，那場危機就像做了一場惡夢，現在冰島人從未這麼好過。

當二〇一七年憤怒抗議的浪潮爆發時，那是一個不同種類的重擊，而且比起二〇〇八年抗議的人數更多、聲音更大。憤怒的導火線是所謂「巴拿馬文件」（Panama Papers）的洩露，揭發了冰島政治和經濟菁英的大規模避稅行徑。冰島人一起共度了危機，團結一致地在二〇一六年歐洲國家盃足球賽獲得幾乎不可能的成就，它曾陷於困頓，然後又脫穎而出……現在冰島人突然憤怒了。「人們參加抗議，因為他們非常生氣。」雷克雅維克冰淇淋製造商霍克達（Jonas Haukdal）說：「我們以為已經歷過那些……以為醜聞已經遠離，我們重新認識了什麼是道德。然後我們發現，總理在海外有錢，而且隱瞞這件事……那是背叛的行為。」[1]

類似的故事發生在二〇一八至二〇一九年的法國。儘管歐洲各國遭到緊縮政策削弱而法國經濟恢復成長，數十萬名 WhatsApp 鼓動的「黃背心」（yellow jackets）似乎沒來由地走上街頭抗議。表面上抗議的原因，是當局提高柴油稅導致貧窮的通勤族遭到的打擊尤其嚴重，但他們提出更廣泛的訴求，而且他們的網絡擴大到法國以外的地方，基本上都是抗議各國政治菁英刻意營造的美好共識。在二〇一九年，香港市民也起來抗爭，智利的市民也是如此，而且抗議的理由有許多相同之處──背離民意的菁英、升高的不平等，以及民眾感覺處於劣勢。

但發生這些事並不令人意外。政治人物說謊，或一般人對他們的生活與菁英的生活脫節感到憤怒已司空見慣。的確，我們早就理所當然地認為我們生活在一個憤怒的世界，這是目前解釋世界各地事件的主流看法中最主流的看法。「沒錯，德國、奧地利、法國、美國、英國、印尼、香港……的人民都很憤怒。」不只是似乎每個人都很憤怒，而且似乎每個人都以為自己了解原因──憤怒是顯而易見。

但我們真的了解嗎？所有憤怒都相同嗎？為什麼是憤怒，而不是熱情、恐懼、幹勁十足或樂觀？在《憤怒經濟學》中，我們嘗試了解乍看之下似乎是原始的情緒無緣無故爆發的原因。

當經濟學變成憤怒經濟學

要了解「憤怒經濟學」是什麼，讓我們先談談經濟學。經濟學是一組概念、一幅地圖，告訴我們市場和交易的世界如何運作，也描述了我們生活的世界。如果經濟理論——這幅地圖——正確地描述我們生活的地域，那麼它就是一幅好地圖。但這些經濟地圖是好地圖嗎？這是一個尚未解答的問題。在經濟理論直接應用的極小部分的世界裡，例如在央行的預測部門，被稱為動態隨機一般均衡模型（dynamic stochastic general equilibrium，DSGE）的極複雜經濟模型裡住滿了所謂的「代表人」（representative agents）。這些「代表人」應該是人，但他們很奇怪的沒有年齡、沒有性別、沒有偏好、沒有意識形態，而且他們長生不老。

在這個沒有情感和恆久不變的世界裡，「經濟」只是勞工的人數，乘以工作的時數，加上他們使用的資本數量（機器、技術等）。就只是這樣。這裡沒有政治，不必操心誰獲得什麼，以及為什麼。當這些虛構的經濟成熟時，它們累積更多資本，所有代表人變得更富裕；而當他們變得更富裕，他們就會減少工作。這是一個很舒適的世界，但它真的是我們大多數人實際生活的世界嗎？這幅地圖真的反映出地形地貌了嗎？

在我們居住的世界，整體社會的確是從來沒有這麼富裕過，但大多數人似乎工作都變得更多也是事實。至於所得的分配，聖路易聯邦準備銀行在它的模型中解釋，「一家企業最後僱用的員工，應該獲得等同於他們對該企業的產出所做貢獻的薪酬」[2]。這聽起來很合理，但這似乎也未反映現實。執行長的薪酬已暴增到員工的數百倍，而許多種類的員工薪資在調整通貨膨脹後，呈現數十年來停滯不前的現象。顯然這與權力有關，但權力不存在我們的模型世界中。財富的分配不但變得很極端，而且政治已成為擁有巨富者的遊戲場。億萬富豪花費數百萬美元保護他們的利益，或支持他們個人化且往往出於自利的議程，例如，避險基金經理人祕密提供資金給英國脫歐（Brexit）運動。[3]

經濟學是一幅強大的世界地圖，但我們過去三十多年研究的這幅地圖——經濟學家羅德里克（Dani Rodrik）所說的「新自由主義地圖」（neoliberal map）——研究的是理論、模型，已越來越無法描述大多數人的經驗和關心的事物。具體地說，那就是一個似乎財政預算越來越緊縮、生活成本越來越高（雖然我們總是被告知沒有通貨膨脹），和在職場內外壓力越來越大的世界。在某個時候，我們對世界的經驗與用來解釋它的模型之間已經嚴重脫節。

現在的經濟學似乎已無法解釋為什麼生活的壓力不斷升高，而同時人均收入卻也在增加。它也無法解釋，為什麼領老人年金者的收入仰賴納稅的工作者人數，但他們反而比其他族群更反對外來移民，似乎忘記了自己生育太少小孩以至於無法維持社會繼續運作？為什麼我們看到民族主義在各國興起，但卻老是聽到全球化已讓我們整體變得更有錢？這些問題的部分答案，就在我們的模型所認為的情況與實際世界情況之間的脫節裡。另一部分的答案則在另一個脫節之中：菁英所追求的「人均GDP」（GDP per capita）穩定成長，對親身經歷發生重大、令人驚惶的社會改變的一般人來說是如此虛妄。

菁英並不是新現象。在過去，菁英是以代表哪些人民來定義的政治菁英。工黨和社會民主黨代表勞工的利益，而保守黨和自由黨代表企業的利益。到了一九九〇年代，這些關係開始解體，一種新政治在已開發世界興起，「左派」和「右派」的區別越來越被認為是難以搞懂也不重要的冷戰遺物。在取而代之的新政治中，政治人物不再代表核心選民，而是紛紛嘗試吸引行為模式就像經濟學裡的代表人的所謂「中間選民」（median voter）。

這類選民不關心經濟衝突，但被認為關心後物質主義價值（post-materialist value）和優良的治理，而且大家都同意它們應該由政黨來提供，重大的政策問題則最好留給國際組織和獨立央行的專家來處理。政治人物提供了較少的政策，但在這麼做時仍假裝代表著每個人的利益。[4]這是一九九〇年代和二〇〇〇年代的世界，一段在二〇〇四年被當時的聯邦準備理事會主席柏南克（Ben Bernanke）美化地描述為「大穩定」（the Great Moderation）的時期，因為讓技術官僚當家可以避免政治干預，並為所有人帶來了繁榮。[5]但現在我們知道，這種世界觀也有很大的瑕疵。

主要的瑕疵是一些重大隱患一直沒有消除，政黨只是不再承認有這些隱患。英國經濟的規模從一九八〇到二〇一七年增加一倍；同一時期，食物銀行（food banks）的使用增加了一〇〇〇％。在大部分已開發世界，不平等從一九八〇年代到一九九〇年代持續上升，然後停了十年，等到金融危機後再度飆升。在這段期間，全球性的大公司卻停止繳稅。那些誤以為他們經濟模型中的世界就是真實世界的菁英，喪失了自認其所代表的選民對他們的信心。

然後發生了入侵伊拉克、狡猾檔案（dodgydossiers）、宣稱有大規模殺傷性武器，和沒完沒了的阿富汗戰爭。在歌誦金融是成長引擎後，我們目睹它的爆破，緊接著是以國家資金紓困挽救那些已經富裕者的資產。而且紓困計畫是由已被緊縮政策重擔壓在肩頭的人來買單，部分國家甚至大舉削減公共服務三〇%。[6]另一方面，各大金融中心的銀行很快就恢復日進斗金的運作，房價節節攀升，就像神奇的自動提款機。

當政治人物真正需要動員選民時，他們不再為已經生根的經濟變遷找理由，而是轉向恐懼。在歐元危機中，民眾被死灰復燃的金融恐慌嚇阻；在蘇格蘭獨立運動和英國脫歐公投中，財產損失的威脅被用來當成保衛現況的武器；在中歐和東歐各國，恐懼移民摧毀「我們的」文化變成動員的迷因。

你無法期待真實的人——不是合成的代表人，也不是想像的中間選民——永遠忍受這些脫節。我們對世界的經驗和菁英用來解釋和合理化世界的經濟模型間的鴻溝，已大到無法忽視，而且菁英追求自利的目的也被戳破。歡迎回到「憤怒經濟學」的世界，在這個世界裡，真實的人感到憤怒，而且有十分充足的理由。

思考並生活在憤怒經濟學的世界

憤怒，最強大的人類情緒，已變成連結由技術官僚、政策學究和政治人物描述的枯燥統計數字，與我們經驗世界的弧線。當總體層次的體系崩潰並曝露出被掩飾已久的斷層線時，經濟學就變成了憤怒經濟學。

本書探討我們的政治經濟體如何促成憤怒的興起：公眾憤怒，包括道德憤怒（moral outrage）、部落憤怒（tribal rage）與私人憤怒（private anger），這些形式的憤怒共同協助我們了解本書的主題。如果經濟學描述的是經濟應該如何運作的方法，憤怒經濟學揭露的則是我們實際的經驗，以及它對我們的重要性。它幫助我們了解全球政治，告訴我們要傾聽什麼、該小心什麼影響，以及我們如何才能矯正一個破碎的經濟。

我們做的第一個區別是公眾憤怒和私人憤怒的不同。許多研究將這兩者視為沒有兩樣，但事實上它們是相反的。公眾憤怒往往帶著榮譽臂章。冰島人抗議貪腐的政治階層是帶著道德的勇氣，他們疾呼反對貪腐和尋求道德矯治；反抗滅絕（Extinction Rebellion）運動是由正義的憤怒所激發。當人感到公眾憤怒時，那是因為他們被錯誤對待，或他們目睹惡行，希望錯誤被承認並解決。這是道德憤怒。

私人憤怒則類似它的反面，特徵往往是羞恥。人在他們的私人生活感到憤怒時往往尋求諮詢，而非訴諸懲罰。一名憤怒的同事、一個抑鬱的父親或母親，或者一個怨憤的計程車司機——他們需要協助，而不應該被矯治。

但公眾憤怒本身也有兩面。如果道德憤怒是它的正面形式，強化並製造部落認同意識就是它的負面形式。部落憤怒是一種原始的情緒，它藉行動和團結以防衛其他族群之名而擱置我們的道德指南針。想想一場勢均力敵的歐洲足球賽，很可能你會看到一個憤怒的少數族群。為什麼他們會在比賽場？因為他們是最鐵的球迷，他們狂熱地戴著忠誠臂章。他們不但威脅對手球隊的球迷或球員，甚至很容易就把矛頭轉向自己人，要求更純粹的忠誠和投入。憤怒的球迷會節制自己的部落。

道德憤怒是正面的公眾憤怒，它會尋求矯正，它是想被聽到的呼聲，表達忍無可忍，而且錯誤必須矯正。但它的相反形式部落憤怒則尋求威嚇，以便支配、壓迫，而且往往是以暴力摧毀。從這個觀點來看，不同種類的公眾憤怒扮演不同的機能：強化道德標準和節制部落認同意識。這就是憤怒和經濟體結合的方式，今日的投機政治人物毫不費力地操縱這兩種形式的憤怒以獲取支持。透過這些公眾和私人憤怒、道德憤怒和部落能量的概念，我們可以更了解政治人物的行為，以及辨識自己該抗拒什麼。今日政治學的挑戰，在於仔細傾聽和矯治正當的道德憤怒，同時揭露而非煽動部落的暴力憤怒。

公眾憤怒往往採取高傲的道德正當性或部落忠誠的形式，而私人憤怒則與內在掙扎有關。私人憤怒——個人焦慮、壓力、不安全感上升，以及我們面對顯然無法避免的外在改變的無力感——的根源與本書討論的個體和總體經濟趨勢與經濟結果都有關聯。具體來說，我們認為雖然快速的經濟和科技變遷，是創造生產力成長和滿足環境、社會和人口需求所不可或缺，但達成這種需要所造成的轉變和破壞卻製造了壓力、焦慮，以及一種人類特別拙於處理的東西：不確定性。

我們不喜歡生活在不確定中，並儘可能嘗試去降低它。但我們過去三十年建立的經濟要求自己擁抱它，同時，政府已逐步放棄它們提供市民保護以免於不確定性的承諾。再加上，在我們生活的世界中，指引我們行為的地圖似乎變得更不精確，也更明顯地偏袒一群頑強菁英的利益，以至於我們從想像的經濟學轉向真實運行的憤怒經濟學。

我們從快速且似乎不斷加速的經濟變遷感受到的威脅，意味傾聽私人和公眾的憤怒攸關著更深入了解我們在每日生活中的真實經驗，與如何解決這些焦慮。有一種根本的緊張是明顯存在的，像我們這種老齡化社會需要更多科技，而非更少。我們不應該畏懼科技，而是要擁抱它。繁榮富裕是靠能提高生產力的創新而增加的，創新是物質進步的根本原因，它能增進我們的集體資源。遺憾的是，它也帶給我們 Instagram。改變可能很刺激，特別是對能立即受益者或感覺不會有損失者來說更是如此。但對大多數人來說，它令人不安，甚至驚慌。大多數人渴望安全、穩定和確定，當快速改變伴隨著實質的收入損失，或我們感覺有人獲得就一定有人損失時，不難想見我們會憤怒。這種表達本身既是道德憤怒（錯誤應該矯正），也是部落憤怒（我們尋求怪罪「其他人」應該負責）。

認清這個核心困境——如何從不確定性中獲利，但卻厭惡它——是降低所有人的憤怒以便我們能嚴肅因應這個時代的社會、經濟和環境挑戰的先決條件。我們認為如果能以正確的方法面對這個單純的生活事實，就能活得更長壽、更健康，甚至可能更快樂。但要這麼做，我們必須把觀點從經濟學轉移到了解憤怒經濟學：一個不確定性和憤怒已經升高、對市場和政治運作的信心已遭到削弱的經濟體系。我們將解釋為什麼這已經發生，以及該如何因應。

為什麼要讀本書，以及它有什麼不同於尋常之處？

本書不是為我們的學術界和專業界同事而寫。他們會發現它缺少附註，並對其不夠「嚴謹」感到不安。此外，它是以兩位作者的對話寫成的，而這肯定不像學術界的作法。我們也認為這個體系已經崩潰，我們不認為目前的秩序能被「挪」

回到穩定的狀態。而且只是重新回到二〇〇〇年代初的政治不是、也不應該是一個選項。回到一九七〇年代也不是。

正如在本書後面闡明的，我們認為資本主義就像一台剛發生大當機的電腦。不過，我們只安裝了一套小軟體補丁就想讓它再度運作，但實際上需要的卻是一整套新的作業系統。民粹主義——包括左派和右派的——承認這種情況，民粹主義者是靠憤怒興旺的政治惡意程式撰寫者。不幸的是，他們是很糟的程式設計師，我們希望能激勵人們尋找一套更好的作業系統。

憤怒經濟學已經與我們同在。它決定選舉的勝敗，重新塑造世界各國的政黨政治——不只是反映在川普和英國脫歐，也呈現在像德國、巴西、烏克蘭等多樣的國家，和匈牙利和波蘭民族主義的復興、俄羅斯的外交政策、土耳其逐漸崛起的反歐洲主義，以及各國傳統中間派政黨的崩垮。我們在所有人都無法倖免的壓力源中，看到憤怒被媒體和政治階層劫持，用在有害的目的。部落意識（tribalism）——和它所節制的能量，亦即憤怒——是一種自然反應，但它永遠建立在神話上，而其結果必然是自我挫敗。

我們寫作本書的目的，是協助了解驅動當前情況的憤怒，同時揭露和拆解對今日政治造成如此巨大影響力的投機操縱。本書嘗試探究為什麼世界正以目前的方式運作，並建議我們可能可以採取什麼對策。但我們不想僅止於做診斷，我們想減少憤怒。而我們認為作法是倡導激進的新政策，以及能跨越老舊政治路線和直接解決巨大的經濟和政治挑戰的新政治。

我們已嘗試寫一本探討憤怒的力量與作用的書，所以接下來是一系列的對話，而不是章節。對話讓我們可以交談和表達不同看法，而不是說教。開放的對話不是設定結論的辯論，而是邀請讀者成為對談的一部分，可以自由地判斷我們所說的話。我們認為，這更能儘可能不設限地說明我們認為的問題所在，以及該如何對應它們。每一節對話始於一個我們希望能點出問題、並指出它將帶我們前往哪裡的「寓言」。

本書的篇幅也很短，而且是我們有意為之。讀者確實不需要從第一頁讀到最後一頁。例如，對話3暫時離開現在，把我們目前的憤怒世界放進歷史背景，對過去七十年的政治經濟做了一次旋風式的回顧。如果你想知道全球經濟如何運作，可以直接跳到那裡——三十分鐘的閱讀就能解釋一切！或者你對經濟學不太熱衷而想專注在政治學，你可以略過它，但我們希望你還是要緊跟著經濟學的主題。正如戰爭太重要了，不能只讓將領操心，經濟也重要到不能只由經濟學家操心，特別是在它已變形成憤怒經濟學時更是如此。我們希望透過這些對話凸顯的是，我們對未來和對自己為什麼憤怒的大部分想法是錯置的。人們有感到憤怒的正當權利——就像英國人說的——但是請對正確的對象憤怒。為了引導我們抵達目的地，我們的對話將依照四個主題的順序。

第一個主題是了解憤怒本身。什麼是憤怒，與它為什麼重要。在頭兩個對話，我們探討兩類截然不同的憤怒：部落能量和道德憤怒。我們檢視正當的不滿相對於「認同意識節制者」（identity regulator）的組成，進而揭露驅動公眾憤怒的根本經濟原因。這提供我們一個透鏡，以透過它了解民粹主義政治學的崛起。民粹主義是前後不一致的，但部落的精力和道德暴民（moral mob）卻能清楚辨識出來。最憤怒的那些人，往往是最被動員的少數族群——最可能投票的人——而最能察覺街頭氛圍的政治人物知道如何利用他們。我們應該知道自己是否被欺騙和被操縱。

一旦我們知道自己面對的是什麼，我們便想了解「為什麼？」和「為什麼是現在？」要達到這一步，我們在對話3嘗試談論一個最能說明我們如何走到這裡的最佳政治經濟學故事。政治經濟學是政治學和經濟學一起用來探究誰得到什麼、在哪裡、何時，以及為什麼。對話3描述長期的世界政治和經濟史的碰撞軌跡，並解釋為什麼我們定期地從經濟學跌入憤怒經濟學。結論是，我們曾經歷過這一切——憤怒經濟學是定期重複發生的——而大規模的總體經濟崩潰削弱主流思維模式的信心，是它的根本原因。

對話3描述出一幅較大的圖像，而對話4討論的則是不同形式的私人憤怒——可能毀壞我們私人生活的焦慮和壓力。我們在對話中辨識日常或個體層次上製造憤怒經濟學的因素，並特別專注在其中兩個：科技和老齡化。第一個因素很難釐清（因為創新及其效應本身就無法預測），但有成千上萬本書討論科技、特別是人工智慧和機器人，正在改變一切——即使有些尚未發生。

我們希望說明：科技正在改變一些事，但不是一切。還有許多人說的實際上是科技囈語（techno-babble），以及一堆兜售幻想的人叫賣虛構的東西給彼此和容易上當的投資人。有娛樂價值，但不嚴肅。我們認為即使有些科技確實存在也不必然會被採用，科技主義者，特別是那些推銷區塊鏈技術和加密貨幣的人，傾向於忘記這一點。經濟學家說的「擴散速率」（rate of diffusion）——我們的工作方法和生活採用技術所花的時間——往往遠比創新本身來得更重要。新科技很少一夜之間被採用，它們受限於體制、社會規範和成本，而且總是遭到抗拒和修改。

為了探究我們日常焦慮的第二個主要來源，我們專注在人口組成——已開發世界的人口正逐漸老化的事實。讓我們暫時回到我們沒有性、年齡和意識形態的代表人的經濟世界。想像如果這個模型只有老年人會是如何？由於老年人的儲蓄比年輕人多，而且已經購買了他們所需的一切，那麼消費會如何改變？由於老年人花較少的錢，投資又會是什麼情況？幾乎世界各地的老年人投票率是年輕人的兩倍，那麼政治會有什麼變化？這比較像我們生活的世界。我們幾乎沒有研究老齡化對經濟的影響，但我們確實應該要這麼做，而且那些影響的確帶給我們許多壓力。[7]

對話5把我們自己的道德憤怒轉向提出一些有創意的解決方案。我們想表達的重點之一是，個人層次的解決方案對這類問題根本不管用。那就像一個富裕到可以擁有專屬消防隊的自由放任主義者（libertarian），如果整個城鎮正陷入火海，他也不一定會幫忙救火。憤怒世界的解決方案不是要個人對抗它，而要集體採用它。這就需要有效的集體保險和分配形式，它們將是從根本上不同於今日我們所知、和我們政治中存在的形式。好消息是，有越來越多人開始接受一套超越傳統左派和右派界限的創新政策。

我們的提議包括創造國家財富基金，以調和企業和勞工的利益，並提供資產給那些一無所有的人。我們提議徹底改造中央銀行的運作方式，以提供新形式的社會保險，並縮短和減少可能發生的經濟衰退。零利率或負利率往往被認為是恐慌的原因，但這是個大誤解。財政和貨幣當局合採用一套雙軌利率（dual interest rates）的系統，可以大幅提振替代能源和地區發展的融資。我們也提議一項新財政原則，它不但符合審慎的原則，而且將終結緊縮政策，以及提供充裕的財源來融資各種形式的「綠色新政」（Green New Deal）。我們想解決財富不平等問題而不致扼殺真正的創新；我們希望鼓勵技術進步和提高生產力，同時確保社會所有人能過優質和穩定的生活；我們要求為下一代打造一個繁榮富裕的地球。

與民粹主義者的悲觀大不相同的是，這些目標是互補的，並且不需要新國界，也不會導致經濟退化。不可否認的事實是，我們已經擁有比歷史上任何其他時代更多的資源。我們提出破壞傳統政治區隔的激進提議——它們在左派和右派都有擁護者——直接因應恐懼和不安全的真正來源，尋求重振政治學喪失的信譽，以及恢復人民對民主政府的信念。這是讓我們樂觀的原因。我的目的不是讓世界變得安靜或平靜些，以便富人晚上能睡得安穩。憤怒經濟學是真實的，而且必須被嚴肅看待。重點不是安撫憤怒，只因為它讓過得最舒服的人感到不舒服；而是要傾聽憤怒的正當表達，向它學習，並打造一個有著較少憤怒的世界。如此一來，才能讓憤怒變成機會。

對話 1

公眾憤怒和部落能量

Public Anger and the Energy of Tribes

「看那憤怒，看那恐懼。」

——前英國脫歐黨黨魁，奈傑・法拉吉（Nigel Farage）

憤怒民歌手的寓言

在一九七〇年代和一九八〇年代，英國和愛爾蘭發生的國內恐怖主義活動，遠比其他已開發國家在過去二十年間還嚴重和頻繁。北愛爾蘭共和軍（ＩＲＡ），一個尋求愛爾蘭統一的準軍事組織，向英國宣戰。北愛爾蘭共和軍在英格蘭的攻擊殺害了一百二十五人，在北愛爾蘭則超過一千五百人，有更多人受傷或變成殘疾。效忠或反對北愛爾蘭共和軍造成北愛爾蘭天主教地區的許多家庭和鄰區分裂，在部分愛爾蘭地區也是如此。

簽訂和平協議和北愛爾蘭共和軍同意解散之後許多年，一個都柏林居民帶著另一個熱愛傳統愛爾蘭音樂的英國人回老家。他們來到聖斯蒂芬綠地一家總是有傳統樂隊表演的酒吧，酒吧裡大約有三十到四十個邊喝健力士啤酒邊聽音樂的人，其中有九〇%是觀光客——德國人、西班牙人和義大利人，也許人數還更多。還有一些眼神失落、想來這裡過一個單身週末的年輕女人，似乎對小提琴、五絃琴和吉他的演奏者不感興趣。觀眾裡也有少數幾個本地人。樂隊的表演很精彩，他們演奏民謠和傳統舞曲，但主唱者看起來悶悶不樂。

他的嗓音很棒，但看起來很陰鬱。在一首憂鬱的曲子感染下，他出乎意料地開始訴說一段激烈的政治獨白。雖然不算憤怒，但說的很認真。儘管經過了二十年的和平，而且愛爾蘭經濟在那段期間呈現超群的榮景，他卻談到殉難者、絕食抗議、被壓迫的愛爾蘭人，以及「我們仍舊必須解放我們的國家」。隨著他的精神受到緬懷恐怖主義年代所鼓舞，他宣布「下一首我準備唱一首叛軍歌曲……」。他提起過去反對英國統治的鬥爭——包括想像和真實的——並沒有引起觀眾的共鳴。

和平在這位民歌手的人生中製造了一段真空。他懷念部落敵對的舊時代，不是懷念暴力，而是那段衝突所帶給他的意義。那讓他的音樂更有深度，而且給了他一個感到歸屬感與價值的地方。當天在場聽他音樂和共和演說的人都是外國人，但那種部落意識已經回來，而我們必須了解驅動它的憤怒。

馬克：好，艾瑞克，第一篇對話的主題是公眾憤怒和部落能量。一般人不太可能熟悉憤怒可以節制部落的概念，但它如何幫助我們了解今日的政治中發生的事？

艾瑞克：讓我們從球迷談起。我們有尋求族群認同的傾向，而且它提供的激勵是根深柢固的。即使我們所有人的共同點只是一件襯衫的顏色，我們仍會要求族群的忠誠，為我們的認同意識而戰，節制並威脅異議者。「憤怒的球迷」渴望被認真看待，而這是一件大事。當我們開始思考憤怒時，我最先做的一件事是利用ＩＢＭ的 Watson Analytics 平台做一項很簡單的大數據分析。我只是要 Watson

掃瞄數十萬則新聞報導，並把與「憤怒」有關的報導分類。結果證實了公眾憤怒是一種道德憤怒的表達，但真正出乎我意料的是它也與運動有關聯。憤怒的球迷出現得很頻繁。

想想運動顯示出人們有多喜歡部落意識——要不然我們為什麼買季票去看那些打得很爛的球隊？我們支付金錢給部落。運動迷也告訴我們，部落意識激勵死忠球迷風雨無阻地遠赴偏遠的地方觀賞差勁的比賽。一旦你警覺到憤怒球迷的概念，你就很容易了解他們為什麼憤怒了。如果你想親眼瞧瞧部落憤怒又不願意到政治抗議現場，不妨去觀賞足球賽。

有趣的是，憤怒的球迷幾乎一定是少數族群。演化沒有讓所有球迷變成憤怒球迷是有原因的。他們是具有功能性的少數族群，他們忠誠、投入、可能訴諸暴力，而且對部落有強烈的認同感。

此外，當你研究運動迷的部落認同意識時，你會發現有一個忠誠階層，而且憤怒球迷在階層裡的地位很高，通常他（正如研究憤怒的文獻顯示，通常是男性的「他」）會節制自己人。我曾看過憤怒球迷斥責加油不夠大聲的自己人，認為他們不夠投入。憤怒球迷擁護的球員、經理和教練，一樣可能是被嚴厲辱罵的對象——因為他們不夠努力或展現出缺少群體忠誠——至少和對待對手球隊的球迷一樣嚴厲。一些球迷確實曾砸毀自己的部分城市——而那還是在他們贏球時（例如老鷹隊球迷在二〇一八年超級盃後破壞費城）。憤怒球迷節制並強化部落認同，而這是一種與生俱來的政治行為。

部落認同意識和道德有一個共同點。倫理規範和道德是決定「如何做才正確」的社會準則，其目的是保護我們的集體利益，社會因為有支持我們共同目標的行為道德規範而強盛。道德規範解決了社會科學家所稱的「集體行動」問題，而集體行動問題發生在個人和群體利益出現衝突時。例如，納稅符合每個人的利益，即使不納稅的個人也會受益。我們通常以獨立的仲裁、規定和懲罰的威脅來解決這個問題，所以我們有司法系統、執法機構，以及政府。

但當大公司和富有的個人規避納稅時——像在冰島——我們會憤怒。當道德規範被觸犯時，憤怒會帶著懲罰的威脅，那是表達「停止這麼做，否則你會後悔」。冰島對「巴拿馬文件」揭露內容的反應是道德憤怒。他們的政治菁英似乎認為大眾遵循一套規範，而他們少數人則遵循另一套。違反規範引發的憤怒重新塑造了冰島的政治。法國持續的動亂是被相同的情緒激發：我們——穿著黃色背心的普通民眾——反對你們這些課徵我們的稅卻不代表我們的都市菁英。

再想想更廣泛的部落認同意識。部落的社會功能是什麼？它很單純。人類以群體方式來運作較為成功，而成為群體的一部分可以提高你生存的機率。但在有限資源的世界，你必須決定誰屬於或不屬於群體。我們不能獨自生存，但如果資源稀少，我們不能容納所有人。我們組成群體的本能如此深刻，使我們根據很細微的差異來組成部落——的確，也許我們總是根據細微的差異來組成部落。

社會心理學有一個已被接受的理論叫做最小群體典範（minimal group paradigm），它指出我們的天性可能完全根據表面上的差異來組成群體。例如，在古羅馬，一場用顏色區別不同城市的戰車比賽，引發了導致數百人被殺害的暴動。我們對群體忠誠的天性是普世、根深柢固且往往已成為不自覺的本能。難怪這對我們的政治而言很重要。

不過，不是所有群體都應該被視為部落。部落認同意識是一種最被深刻感受和攸關生存的群體認同形式，它需要像社會規範那樣定期加以強化和約束。大多數時候我們不會特別注意自己的部落認同意識，我們繼續過我們的生活。在和平、繁榮的時代，部落認同意識佔後排的位置。一旦我們認為受到威脅，一旦我們認為資源變稀缺，或我們受到壓力——佔少數的憤怒球迷就開始發揮功能。他們激發部落的戰鬥情緒，並讓每個人各就各位。從這個觀點來看，當代全球政治的相似之處明顯可見。

目前有關貿易的爭議提供了一個好例子。偉大的法國人類學家牟斯（Marcel Mauss）說：「為了貿易，人類必須先放下他們的矛。」川普（Donald Trump）選擇貿易作為他的對抗武器不是巧合。同樣也非巧合的是，思想上支持貿易的英國右派荒謬地扭曲和否認證據，以便為脫離世界上最有利可圖的貿易集團歐盟找理由，目的是與其他被認為更理想的部落達成新貿易協議。

馬克：這樣解釋就很清楚了。所以我們有兩種類型的公眾憤怒。我們有道德憤怒，即一種對被忽視的正當反應、公開反對錯誤的事，並呼籲採取矯正的行動。這是我們應該傾聽和採取對策的憤怒。另一方面，我們有一種部落能量形式的憤怒，可能被投機分子操縱和武器化。但當我們把這兩種形式的憤怒視為解決集團行動問題的功能——用以協助我們的集體生活——時，你說的部落憤怒似乎是好的。對嗎？

艾瑞克：我們必須明確地區別正當的公眾憤怒，與為了政治目的而投機操縱的部落憤怒。的確，我必須再做很多說明。藉由專注在部落憤怒，我想我們可以證明，媒體和全球政治菁英的利益結盟，正在利用這股能量來動員選舉和贏得選舉，而這是極端危險的。部落憤怒畢竟距離部落暴力只有一步之遙。非暴力政治的挑戰是大聲且清楚地傳達正當的不幸，然後以替代的政治來回應。為什麼？因為任何替代的政治必須有分量——它必須在情緒的層面上有足夠大的力量來創造獨立於部落意識之外的政治認同。部落意識不是唯一能用來動員的政治認同，但它是我們在面對壓力和感到憤怒時的強大本能反應。

馬克：讓我們談談更多這方面的事。政治認同意識不都是部落性的嗎？我是左派、你是右派等等。如果一切都被兩極化，而且是否「正當」取決於你站在哪一邊，那麼我們有辦法清楚區別政治學和經濟學裡的正當憤怒和部落憤怒嗎？

艾瑞克：政黨政治往往被描述成「部落」，但這是簡化。人類的天性可能是組成群體，但不是所有群體認同都有相同或同等的動機強度。暗示或明示種族、地方或起源的部落認同意識，是一種截然不同的整合政治傾向的方式。民族主義是最主要的現代政治部落意識形式。

正如我們在稍早的第一則寓言提到，我在愛爾蘭民族主義的環境中長大。政黨的群聚如果不與民族主義連結則沒有多大作用，因為冷戰遺留的一邊為左派政黨、另一邊為右派政黨並不真的存在，且至今仍是如此。在愛爾蘭，政黨結構是一九二二至一九二三年內戰的遺緒，相當大程度反映了對一個愛爾蘭部落派系的效忠。這仍然影響著今日的投票模式。愛爾蘭的例子能教導我們的是，部落意識作為一種政治動員的力量很強大且持久，因此政治菁英可以且確實利用它來誘導我們忽視他們的失敗。民族主義是一種「政治技術」，在各國被社會菁英用來確保他們的特權，不管是印度的莫迪（Narendra Modi）、美國的川普、匈牙利的奧班（Viktor Orban）、英國的強森（Boris Johnson）莫不如此。

在部落政治中長大讓我很清楚它有害的特性。在一個極端是非民主暴力的傾向，體現在愛爾蘭的血腥恐怖主義運動例子。但部落政治也以另一種方式具有破壞性，它劫持真正的政治辯論，並讓我們偏離真正對人民重要的問題，例如薪資、住房、醫療和教育。當我們能被英國脫歐和「圍牆」（the Wall）激怒時，金錢對政治的影響力，或公共服務的投資不足等問題有什麼好擔心的？[8]菁英以這種方式長保高枕無憂，而我們也能避免處理棘手的問題。

在愛爾蘭很早就被政治菁英利用的部落意識，今日正在世界各國被動員。想想在英國的脫歐辯論，不管誰對英國脫歐有什麼看法，歐盟會員資格從來就不是民眾關切的焦點，但它對政府卻有舉足輕重的影響，而且政治人物極度關心它。它讓英國陷於癱瘓三年；它偏離重點，同時卻引爆爭議；它藉由怪罪其他部落來掩飾真正發生的事。今日的部落意識被一部分政治階層和面臨經濟威脅的媒體利用，以填補由麻木、自滿，且已喪失權威和動員能力的政治中心製造的認同真空。

馬克：解釋一下為什麼你認為政治階層正在利用部落意識？

艾瑞克：我認為有兩股力量正在運作。第一，政治已淪落為對選區少數族群的技術性動員以便贏得選舉，旗鼓相當的選舉取決於派系中的派系。第二，傳統媒體——它們面對來自網際網路帶來的相當新穎、但生死攸關的威脅——和已開發世界的政治階層已建立一種具有破壞性的共生關係。

馬克：請詳細說明這些相當大膽的說法。

艾瑞克：把民主視為多數統治是一種常見的錯誤。在沒有明顯共識的情況下，民主很少是多數統治。多數決選舉制度實際上是由少數人統治，而且這套制度受到保護，並承諾「如果這次我贏了，你可以嘗試下一次贏」。在有重大歧見存在的情況下，也許不可能有真正公平的選舉制度。我們接受不公平程序的結果，因為我們想不出更好的方法，也因為我們集體同意必須和平地轉移權力。

我們從運動比賽知道憤怒的球迷是少數人，而且我們從政治科學的研究知道憤怒的人較可能投票[9]。因此，利用部落憤怒來動員少數族群可能是贏的策略。想想美國有約六〇%的選民有強烈的黨派忠誠感，他們也比沒有政黨忠誠感的人更可能去投票。但贏得總統選舉主要得看能否動員大多數沒有決定投給誰的少數群體，而且我們從既有的研究知道憤怒能達成這個目的，這已經成了眾所周知的選舉戰術。

川普二〇一六年靠三個州的八萬張票贏得大選，動員憤怒的少數族群為他贏得總統寶座。川普本能地利用我們辨識的兩種形式的公眾憤怒。第一，他訴求於鏽帶（Rust Belt）的正當道德憤怒，理由是製造業、基礎建設和中西部社群遭到海岸地帶菁英的忽視；然後，他熟練地在種族緊張升高或萌芽的地區，以阻止移民罪犯的圍牆意象來激發部落憤怒。

馬克：這些作法其實並不新奇——雷根（Ronald Reagan）和川普的選舉策略有不少相似之處。

就雷根的情況來說，部落的焦點是在南方各州，鼓動的則是他從尼克森（Richard Nixon）學來的種族暴力。同樣的，川普的「向所有國家課徵關稅」貿易政策看似有新意，但大家都忘了雷根在一九八〇年代對日本和其他亞洲經濟體，甚至對歐洲汽車業發動的隱形貿易戰。我們都見過，但我們忘了。

艾瑞克：我的看法是，從冷戰結束開始並持續加速到二〇〇八年的危機和崩潰，部落憤怒已變成更明顯和更全球化的政治策略特性。我們看到更多已開發國家的政治階級對無法掌控他們的經濟體，以及對他們無法在後冷戰世界塑造一種普遍的政治認同，採取投機的反應。部落意識是填補這種真空的動員反應，而它反過來被遠比以前更激烈競爭的主流媒體和社群媒體所放大。

由媒體和線上部落所製造的歇斯底里、刻板印象、想像的敵人和恐懼交互作用的力量不容輕忽。[10]主流媒體的假新聞有經濟上的根本原因。我們對政治人物和媒體的誘因如何結合的討論還太少，即使在川普的例子，他似乎表現出對媒體宣戰的態度，但其中仍有很明顯的共生關係，而且不只與《福斯新聞》（*Fox News*）。如果川普不在位，有線電視新聞網（CNN）將少掉許多可報導的新聞。同樣的，沒有人真的問為什麼媒體對恐怖主義、伊斯蘭教與移民所導致公共資源吃緊——至少在英國——採用偏執的敘事。我想主要因素之一是，在左派和右派認同意識失敗的同一期間，主流媒體面臨了自己的生存經濟威脅。而像川普這種人則不斷提供它們報導內容。

馬克：這是一個重點。過去報紙的經營是半壟斷式的，有被俘虜的讀者群。是的，它們的經營者有政治目標，而且它們可以影響並偶爾決定選舉勝負，但它們從來不必為吸引關注而鬥爭。儘管它們以付費牆建立起穩定的讀者群，但科技的轉變和社群媒體的崛起，已嚴酷地挑戰這些舊媒體的壟斷，讓它們面對競爭的現實。英國的《太陽報》（*The Sun*）過去每日發行三百萬份並可以左右選舉，現在每日發行量已降至一百萬，因為臉書（Facebook）的影響力已遠超過它。在這種情況下，還有比恐懼、恐怖和外國人侵佔你的土地這類報導更好的動員讀者方法嗎？當我們考慮運動的各種力量時，我們就能明白為什麼部落憤怒已變成部分政治階層可利用的資源之一。近日的研究確實顯示，即使是主流中間派政治人物，也已開始使用民粹主義的憤怒語言。這對贏得選舉有幫助。但當我們思考他們以這種方式競選的後果和風險時，我們更應該反對它。

艾瑞克：選舉戰術和媒體的經濟不安全感已結合在一起，促使部落憤怒興起。但為什麼是現在？雖然利用部落認同意識向來是隱祕、邊緣或僅限於國內的，為什麼它突然崛起成為一種全球性的策略？

馬克：我想嘗試回答這個問題。我認為部落認同的再度崛起，是遠比大多數人認為的來得更漫長的過程。如果我們把一九四五年後的世界分成兩個時代：一九四五至一九八九年的冷戰世界，與後來所謂的「新自由主義」（neoliberalism）時代——即我們決定私有化、去監管、自由化和整併過去由國有和被保護的一切東西的時期——冷戰時代令人好奇的是，狂熱和動員的政治認同有多大程度是建立在左和右的經濟意識形態上，以及這些經濟意識形態反過來有多深入社會和政治體制的基礎，例如政黨、工會、勞工俱樂部、教會和小企業協會。

這段時期的人在政治上的認同主要不是根據部落、人種和民族，不像你成長時生活的愛爾蘭。在大多數已開發國家，冷戰時期的政治認同意識，建立在我們可以正當地稱做經濟意識形態之上，即一組有關經濟的信念基礎，牽涉到它如何運作、誰擁有什麼、誰得到什麼，以及為什麼應該如此。不管你是支持國家或支持市場，有一套有關你的經濟利益的信念，不管你支持企業或支持勞工，一切規則都根據這套信念。人們也對各政黨對基本問題政策的真實差別，和各政黨所代表的民眾利益有明確的概念。這些意識形態激勵民眾去投票，這些認同意識都相當穩定。

後冷戰時期轉向新自由主義不但是經濟組織的巨大改變，也摧毀了許多人的政治認同，而且不限於我們寓言中那位惱怒的民歌手。在柏林圍牆倒塌後，大多數人仍踴躍投票給「他們的」政黨——工黨、社會民主黨和民主黨——但那真的還重要嗎？後冷戰時代的特徵是政治認同感的喪失，和大部分人口不再參與政治，特別是那些遭到當時的經濟變遷傷害最大的人。[11]

在布萊爾（Tony Blair）、施若德（Gerhard Schroder）、柯林頓（Bill Clinton）、歐巴馬（Barack Obama）的中間派執政時期，較少看到強力動員政治認同或意識形態對壘的情況。每個人都被假設相信市場經濟的某個變體，和擁抱普世個人主義。如果你不是，就會被視為落伍，或更糟的民族主義者。當這些理念在二〇〇八年金融危機遭到摧毀時，政治人物必須找到新的東西，而且他們也找到了。今日我們看到的大部分是，政治人物嘗試以更有動員力的一組政治認同意識，來填補由信譽掃地的新自由主義共識留下的真空。

艾瑞克：所以部落憤怒和它被媒體和政治階層利用的原因不只是金融危機，甚至也不只源自美國中西部或環境退化被忽視等正當的道德憤怒。它比這些現象還早得多，它在經濟壓力遠為輕微的時候就已存在。民主政治的空洞化、政治階層的貪腐、看似無關緊要的選舉、沒有能力預防衰退、財富和所得不平等升高，以及科技快速變遷，都是重要因素。但這些壓力在不同的國家都被以不同的方式所引導，因為政治人物需要動員少數族群以贏得選舉，且正好碰上那些受影響最深的人有正當的不滿。現代部落意識起源於動員政治認同感的失敗，政治階層藉由轉向部落意識，來應對如何讓缺少投票動機的人出來投票的困境。

我認為最有學習價值的例子可以在中歐和東歐找到。為什麼最成功的民族主義部落意識鼓動者出現在像匈牙利和波蘭等國家？這些國家有兩個類似的特性，它們位於自由主義自由市場在冷戰時期獲勝的核心，還有它們的經濟發展相對上較成功——有很強勁的實質薪資成長。雖然匈牙利在金融危機時處於東歐的前線，但波蘭是受到影響最小的歐洲國家之一。從危機以來，這兩國的生活水準大幅提升，失業率則降至歷來最低水準。但這未能阻止高漲的部落意識。匈牙利總統奧班從不諱言他的策略，說他為了贏得選舉而放棄自由主義。反歐洲、反移民和教派主義者才能在匈牙利贏得選舉。這個曾經反共產主義的年輕國家過去追求的自由和自由市場道德理念，現在是個遙遠的夢想。

馬克：好，讓我總結並確定我們接下來要討論什麼。當分析我們政治中的憤怒——特別是公眾憤怒——時，很重要的是區別部落憤怒和道德憤怒。金融危機和接踵而至的衰退、歐元危機、所得和財富不平等升高，以及政治代表制的慘敗，是我們問題的核心，它們是、也應該是道德譴責的目標。但當這些因素激起憤怒時，那股憤怒湧向政治，而這時候我們必須區別部落的能量，與政治人物及媒體投機利用潛伏的民族主義認同以求當選和增加發行量——他們如何填補由不痛不癢、缺乏認同感的政治中間主義所製造的真空。對於前者我們可以且應該謀求對策，而且我們後面要討論的政策就是為了這個目的。對於後者我們則應該加以揭露和削弱其力量，因為它們本身比它們應該解決的不幸還更具破壞性。好，讓我們接著談我們可以從正當的憤怒中學到什麼教訓。

對話2

道德暴民
和他們的操縱者

The Moral Mobs and Their Handlers

「我是你們的聲音。」
——前美國總統，唐納．川普

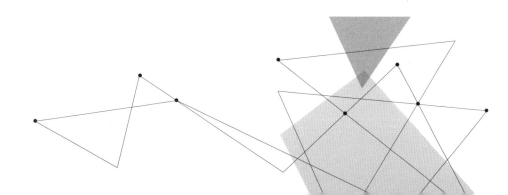

遵守規則的西班牙家庭的寓言

賈西亞（Pedro Garcia）一九九八年畢業於加迪斯大學（University of Cadiz）經濟系。當時西班牙的經濟欣欣向榮，所以他很快在一家國內銀行的抵押貸款審核部門找到工作。畢業後不久，他和大學的女友華拉里雅（Valeria）結婚。經過一年的教學訓練後，華拉里雅在國內一所學校找到她的第一個教職工作。二〇〇一年，他們的長女安娜．瑪莉亞（Anna Maria）出生。

不令人意外的，西班牙的住宅市場是賈西亞辦公室常聽到的辯論主題。像賈西亞的年輕家庭已經買不起像他們父母輩居住的房屋，因為房價已持續上漲了近十年。一些經濟學家說房市已出現泡沫，賈西亞無法確定，他擔心沿海地區的房地產榮景，但在他和華拉里雅想居住的城市和鄉鎮，好房地產的需求將永遠存在。

西班牙已是歐盟會員國，而且剛加入歐元區。利率比以往低，而且歐元比過去的西班牙貨幣穩定。

賈西亞想申請一大筆抵押貸款，以便在加迪斯買一間他們剛好負擔得起的三臥房公寓。華拉里雅猶豫不決。把錢存起來並等待房地產價格穩定下來會不會更明智些？賈西亞和他父母說服她說：「他有一份銀行的好工作，而你是公務員，就業安全沒有問題。還是抵押貸款讓瑪莉亞有一個舒服的家吧。」他們在二〇〇二年簽下合約。

在接下來的十年，他們的計畫化為泡影，賈西亞和華拉里雅看著他們房子的價格崩跌。剛開始賈西亞保住他的工作，因為有西班牙勞動法律的保護，但他的薪資遭到削減。儘管是在公務部門工作，華拉里雅先是看到她的薪水減少三〇％，後來又在新一波預算削減中遭到裁員。

賈西亞和華拉里雅對政治一向不感興趣，他們對生活中大部分事情抱持開放的態度。他們喜歡現代西班牙和歐洲，但賈西亞也懂一些經濟學，足夠讓他了解因應衰退時不應該讓更多人失業以便恢復投資人信心：一種稱做「緊縮」（austerity）的政策。當失業率居高不下時，高中的經濟學說應該減稅和增加支出。這種「懲罰」式的緊縮政策來自歐盟，其動機是某種錯誤的懲罰心理，企圖不誠實地推卸罪責。

實際上，賈西亞的銀行和其他銀行估算錯誤，它們原本假設房地產價格會像過去那樣持續上漲。他也知道德國銀行鼓勵這些銀行向它們貸款，以融資給景氣大好時的房地產。這個由歐洲政治人物、審慎的德國央行官員和揮霍無度的西班牙人一直兜售的故事是一個謊言。德國銀行已獲得歐洲央行的紓困，但在緊縮預算期間付出代價的，是像他妻子這類西班牙的公務人員。

這不是他曾經信任的理性、自由、開明的歐盟，這甚至不是他所以為的資本主義。這是富人的社會主義，和窮人的破產。

賈西亞最後在保護勞工的規定改變後遭到解僱，他們再也支付不了抵押貸款，所以銀行收回他們的房子。他們搬進華拉里雅父母的家，而且他們沒有像原本計畫的為瑪莉亞生個弟弟或妹妹。賈西亞、華拉里雅和瑪莉亞的故事，在西班牙、希臘、葡萄牙和義大利處處可見。歐洲人為此感到憤怒有什麼好奇怪的呢？

馬克：在我們的對話1中，我們描述部落的性質和部落能量遭到政治階級劫持，這是憤怒經濟學有害和操縱的一面。對照之下，賈西亞的寓言故事說明了道德憤怒和正當的不滿的源由。賈西亞和他的家庭沒有做錯事，錯的是他們的菁英階層，但賈西亞卻必須付出代價。如果那是我們需要傾聽的憤怒，我們現在聽到的是什麼？

艾瑞克：要了解這一點，我們需要談一點哲學。幸運的是美國哲學家努斯鮑姆（Martha Nussbaum）寫了一本睿智的書，主題正如其書名《憤怒與寬恕：憎恨、慷慨和正義》（*Anger and Forgiveness: Resentment, Generosity and Justice*）。她分析的核心是認識憤怒是一種對感知的惡行的反應，這已經獲得越來越多實證研究的支持，包括社會心理學和神經科學研究。[12]伴隨「憤怒球迷」出現的道德憤怒，是我前面提到的大數據分析——分析數千則與公眾表達憤怒的新聞報導——中最重要的關聯因素。

公眾表達道德憤怒採取一種很具體的形式。私人憤怒通常被視為軟弱，反映我們內在出了什麼問題，但公眾表達道德憤怒則受到合理化這種憤怒的支持。通常道德憤怒的訴求是不公平、沒有人傾聽受到影響的人，與不承認受影響者的利益。舉例來說，正如我們在寓言故事裡所凸顯的，反對歐洲實施緊縮政策的憤怒表達符合這個框架。民主程序經常被執行「改革」的技術官僚所劫持，因為沒有經濟合理性支持緊縮政策。

拒絕這種論述的憤怒民眾是對的，他們的憤怒是理性和正當的。相較於部落憤怒，受到道德憤怒驅使的人，往往很清楚地說出為什麼他們憤怒——他們的利益或他們關心的人沒有被納入考慮，以及做錯事的人沒有受到懲罰。這與部落憤怒大不相同，後者不是追求正義，而是想摧毀阻擋他們的人。

努斯鮑姆很敏銳地辨識出道德憤怒的具體觸發原因，例如「地位傷害」（status-injury）。她引述心理學家塔夫里斯（Carol Tavris）在美國對憤怒的研究，並「發現普遍存在的『侮辱』、『輕蔑』、『傲慢』、『好像我微不足道般地對待我』的描述」。[13]我認為這種反應符合我們觀察到的憤怒是要求被聽到、要求有人代言；但它也是意圖和重要性的表達——我重要，而你最好聽我說。放在政治的背景下來看，這也很切題。

馬克：既然如此，讓我們先談談聲音，因為這是了解人們為什麼經常以被政治人物用高高在上的態度描述為「違反他們利益」的方式投票的核心問題。人們不只是因為無法信任和不公平的政策而憤怒，他們也相當正確地因為沒有人傾聽他們的聲音、沒有人代表他們，以及因為自己視為菁英的人忙著告訴他們什麼才是他們的利益，而感到憤怒。

我們說新自由主義的時代助長了政治認同意識的淪喪，製造了被部落憤怒填補的真空，但在一九九〇年代和二〇〇〇年代的後冷戰時代政黨的趨同帶來的意外後果之一是，一個死氣沉沉且大體上自利的技術官僚中心的興起，導致大部分選民感覺無人為其發聲，而這也逐漸反映在選民投票率的下滑之上。

回想二〇一四年當選的義大利總理倫齊（Matteo Renzi）。這位年輕的政治新秀執掌大權，並準備大力改革歐元危機後的義大利，他的第一個重大政策嘗試是呼籲進行改革憲法的公民投票，而且大多數人似乎認為這是改善義大利立法決策的好方法。但正如英國脫歐告訴我們，如果你給民眾公投的機會，而且那是他們表達聲音的唯一機會，他們將以讓人聽到聲音為目標。而如果每一次選舉都是老套——有各式各樣的經濟新自由主義，但制訂出來的都是同一套政策——那麼他們將利用這個機會來發洩他們的憤怒和不滿。倫齊的公投提議遭到拒絕與憲法是否需要改革無關。同樣的，英國脫歐對許多人來說與歐盟無關，真正有關的是想要需求被聽見的期望。

艾瑞克：你可能說，如果有替代的意識形態可以讓人們表達他們的挫折，他們就會這麼做——但就是沒有。的確，如果共產主義不是已經試過並已證明失敗，後金融危機時期很可能就是它出頭的時候。其結果是，後來的選舉中沒有東西可以讓人們表達對現狀的不滿，訴諸非民族主義認同意識的政治改變這個選項根本不存在。既有的菁英沒有提供替代新自由主義的政治理念，因此英國脫歐和投票給川普變成你「X你的！我要你聽到我的聲音！」的機會。從這個觀點來看，公眾憤怒是對缺乏代表性的反應，是對被忽視和沒有被聽見的反應，也意味著未能提出一個有說服力和能激勵人心的政治認同。

過去十年來，歐洲和美國發生的情況很類似。政治核心對一場他們以為永遠不會發生的危機一無所知，而且除了把不幸轉嫁到沒有製造危機的人身上外，他們沒有採取任何對策。不難想見的是，這些人感到憤怒，而且這種憤怒被以多種方式放大並劫持。

從美國中西部到北英格蘭，從義大利到西班牙、希臘和葡萄牙，所有這些國家在過去十年都經歷了慘重的經濟創傷，而政治階層非但未提供替代方案，反而告訴他們的市民是他們自己的錯：「你借錢買了你負擔不起的房子」、「我們必須停止這股浪費支出的歪風」等等。因此當有機會投票支持一個替代的願景時——例如二〇一五年的希臘，或二〇一六年的英國，或二〇一八年的德國——會發生什麼情況也就不足為奇了。

但這個故事有比二〇〇八年危機及其經濟後果更深的根源。具體來說，沒有聲音與民族國家已被全球化閹割有所關聯。在某個層面上，它不只是大部分人口感覺沒有被聽見，而且實證研究顯示真的沒有人去傾聽他們的聲音，他們傳統的代表也似乎被迫接受現況：「全球化迫使我們這麼做」、「沒有任何替代辦法」等等。這當然是個大問題，而民族主義政治人物的崛起似乎是其結果。沒有聲音加上感覺徒勞無功是個毒性的組合，那就像在義大利投票給民粹主義者，然後發現他們也是無能為力。這個結果削弱了民主本身。

馬克：我們嘗試思考一下：我們有各個市場，而且市場的範圍是全球性的，或者至少在分工、技術和金融所能及的範圍是如此；然後我們有民主，它本來就局限於國內，受到所謂的民族國家與組成它的人民所限制。這製造出全球經濟的開放性與國家回應公眾民主要求間本質上的緊張。你越開放，控制的就越少。你控制的越少，你能因應全球經濟而做的事就越少。經濟學家羅德里克（Dani Rodrik）務實地稱它是全球經濟的「政治三難困局」（political trilemma），即全球化、民主和主權彼此不相容，你只能顧到三者中的兩者。[14]而一旦你接受全球化，就只能有民主或主權之一，不能兩者兼顧。

為了預覽我們將在下一個對話討論的內容，我們已談到現代的國家和市場間、開放和民主因應間的兩個大矛盾。第一組規則建立於第二次世界大戰和大蕭條之後，新規則是有關藉由控制金融來限制市場的範圍——確保資本投資於國內——並以充分就業為目標，以避免重蹈一九三〇年代的覆轍，以及透過課徵高稅率和經濟各部門的轉移以建立福利國家。

我們將談到，這套制度順利運作了約二十五年。但它的缺點是製造通貨膨脹，以及勞工議價力侵蝕獲利導致投資支出下降。對一九七〇年代停滯性通膨

（stagflation）——成長下降，同時通貨膨脹升高——的因應，是藉由開放金融市場、國有資產私有化、放鬆企業監管以「去膨脹」，進而從民族國家的限制中「釋放」資本，以尋找最高的報酬率。這是我們今日稱為新自由主義秩序的建構過程——羅德里克所稱的「超全球化」（hyper-globalization）。

如果你是二次大戰後年代的投資人，你受限於國家的領土界線，那表示國內的勞工能輕易藉由罷工來主張分享生產力增加的份額，有效地發出聲音。但如果資本不能在全球流動會如何？如果資本財能進出民族國家而勞工只能留在國內會如何？或者，如果他們可以把你的工作遷移到外國，那真的不會有影響嗎？他們奪走勞工要求分享份額的能力和勞工的聲音，而自一九八〇年代以來，這是越來越司空見慣的事。

勞工要求享有國民所得份額的能力大幅下降，而企業則進入一個新的黃金年代——不平等也更上一層樓。現在的數字已經眾所周知到變成老生常談，根據世界所得與財富資料庫（World Income and Wealth Database）——最完整的全球層次資料的來源——從一九八〇年代末以來，頂層一%的人攫取的全球所得增長，相當於底層五〇%的總和。在整個歐洲，頂層一〇%所得者享有三七%的國民所得；在美國，這個數字是四七%，比俄羅斯還高。特別是美國的頂層一%的所得增加，伴隨著底層五〇%所佔的國民所得比率從二二%降至一三%。真的是貧者越貧，富者越富。

在英國，金融危機後的人均實質（通膨調整後）政府支出減少了一六%；地方政府支出跌幅更達近二五%，部分地區的預算減少了將近一半。沒錯，一半。[15]當你知道在英國脫歐公投期間，預算削減最多的地區也是最支持民族主義政黨（英國獨立黨〔UKIP〕）的地區時，你應該不會感到驚訝。

在這種情況下，當我們談到部落政黨在憤怒經濟學中崛起，我們必須強調，這絕對不是有關重新激起潛伏、似乎會遺傳的部落政治認同。畢竟，英國以現代的形式存在只不過數百年之久。然而現在卻有一種真實的感覺，亦即在國家的層次上，大部分政黨面對全球化時都感覺遭到閹割和無能為力，同時卻從所得不平等中獲利。不管是左派或右派的民族主義，所謂「民粹主義」的再度興起，已被描述成保護國家和國家經濟，反抗製造這類不平等的「外來」勢力的鬥爭。英國脫歐運動的口號「奪回控制權」（Take back control）震天價響是有原因的。

我想我們在二〇一六年美國總統選舉時也清楚看到這一切。最具代表性的是，原本應該是藍領民主黨鐵票區的五個州轉而支持川普，它們是在去工業化和就業外移上受害最深的州。其中的威斯康辛州喪失三分之一的工業，不是因為產業外移至墨西哥或中國，而是在一九七〇年代和一九八〇年代隨著企業南移而移到倡導「工作權」（無工會）的南方各州。威斯康辛州在很長一段期間已經逐漸衰退，一九九四年的北美自由貿易協定（ＮＡＦＴＡ），和隨後二〇〇一年中國加入世界貿易組織（ＷＴＯ），加速了衰退和實際工作流失的感覺，而長期以來嘗試擁抱工會、開放貿易和從全球金融獲利的民主黨聯盟也突然崩解。畢竟，這些貿易開放和全球資本政策都是由民主黨政府所倡導的，但主要受害的卻是民主黨的忠誠支持者。

這些演變——不只是在威斯康辛州——是歷經三十年的結果。正如我前面提到，一九七〇年代是一個工會勢力強大的世界，而且因為資本局限於國內而非全球，它們在對抗資本的罷工中擁有真正的談判權。美國的勞工所得佔國民所得比率在一九七三年達到高峰，此後一路下滑。與這種下滑平行的是，一個工會在美國逐漸滅絕、在歐洲力量也大幅變弱的世界。

同樣的，在政治上，各國國會越來越無能，並逐漸把重要的決策交給技術官僚——獨立的央行、世界貿易組織、歐盟。民選的政治人物能有效管理的事務越來越少，同時他們的選民承受的壓力與日俱增，不管是從總體或個體層面來看皆是如此。我們從一個對勞工很友善、相對封閉與提供社會安全網的世界，走到一系列製造大規模傾斜的機構，把所得轉移到分布的最高層，同時升高了大多數人面對的不確定性——而且整個過程媒體都告訴民眾那是他們自己的錯。

艾瑞克：好，所以正當憤怒的第一個明確來源是喪失聲音——憤怒是對被忽視，或你的聲音透過空洞的「民主」儀式被奪走的反應。代表制政治因為後冷戰技術官僚中間派的共識興起而不再傾聽其他主張，這種現象因為全球化——特別是資本的自由流動，與勞工無力以談判爭取他們的份額——以及在歐洲中間派技術官僚的奪權而加劇。

你說這些問題早在金融危機前就存在，而且必須追溯到從一九八〇年代以來三十年的政治和經濟變遷背景來看待。在此同時，二〇〇八年出現明顯的錯誤，你描述為「大幅加速」了這些潛伏的趨勢。這篇對話開頭的賈西亞家庭寓言給了我們一個梗概，如果我們有重要的話要說，聲音就很重要。為什麼我們的政治和經濟菁英在因應二〇〇八年金融危機時沒有什麼話可說？

馬克：對我來說，主要的問題是他們傾聽誰，而不是他們要說什麼，而他們傾聽的不是像賈西亞家的這些人。相反的，政策制訂者無法有效處理二〇〇八年金融危機後的衰退，以及接續的二〇一〇至二〇一五年的歐元危機，凸顯出和所得情形一樣，他們傾聽的對象傾向於很高層的人。歐元危機甚至比美國的危機更加顯示出，在衰退時期削減支出的政策無疑的會讓事態更加惡化。但他們已經知道會如此卻執意這麼做，然後又加碼押注，即使他們已親眼見證它不管用。

二〇〇九年開始的嚴重衰退激起正當的憤怒。在美國，失業率升高到任何戰後衰退期的最高水準，而復甦的速度卻慢如龜步。如此嚴重和漫長的衰退，對一般大眾加諸沉重的經濟和社會成本。歐洲的情況還更嚴重。儘管歐洲有許多福利國家，實際上過去二十年有許多國家承受了有如凌遲般的痛苦，經濟破壞的慘重程度是大蕭條以來所僅見。希臘的支出削減超過任何其他國家，並因此蒙受GDP萎縮二五％和三分之一就業喪失的重創。

艾瑞克：最極端的例子是希臘，但葡萄牙、西班牙和程度較輕微的義大利也遭遇類似的經濟和社會傷害。南歐大部分地區出現年輕人失業率高達三〇％或更高的情況，持續近十年。但這完全可以避免而且是古怪的政策錯誤所造成的結果。如果我們了解一點總體經濟學就知道，大規模失業會帶來長期而可怕的社會災難，但只要採用兩種簡單的需求管理政策就能相對迅速地解決：政府減稅和擴大支出，以及央行印製鈔票。

但歐元區國家沒有自己的貨幣，無法藉由貶值貨幣以利用出口來促進成長，也不能藉由直接紓困銀行以擴大信用來解決問題。因此，歐元區的菁英在政治上沒有足以有意義地解決這些政策錯誤的論述或手段。畢竟，既然已簽署加入歐元區，他們無法輕易脫身。

在這種情況下，義大利、西班牙和希臘的政治體制，無法提出有說服力的辦法來解決民眾的問題，即使在立即的危機已經度過的今日也是如此。我們已經很清楚，義大利的失業問題是周期性的，它與義大利修改法律沒有關係，而是與歐元區的總需求管理有關。西班牙和希臘的情況也是如此，而如果你接受這一點，那就是一個大問題。

在這種世界中，國內的政治程序變得看起來像個騙局。你可以有選舉，但你不能改變任何事。國內政治菁英可能知道這一點——甚至不喜歡它——但既然沒有自己的貨幣和央行，他們又能做什麼？你不能貶值貨幣，也不能印鈔票或違約，所以你只好靠緊縮腰帶來度過難關，雖然這也不管用。在這種情況下，選民感到憤怒和尋求替代解決方案是完全合乎邏輯的。的確，即使非歐元區國家也可能陷入同樣的情況。看看採取類似的破壞性政策數年後的英國政壇和留歐陣營製造恐懼的訊息：「沒有別的替代選項。」

在這種世界裡，部落主義者會很樂於提供替代選項，不管他們提供的東西有多荒誕。這正是我們在二〇一八年義大利大選中看到的，其結果是北方新法西斯分離主義者，與一個據說主要由南方支持的左派喜劇演員建立的政黨所組成的奇怪聯盟。

美國的例子似乎不太一樣，但美國政治中的憤怒和極化似乎還更深。儘管有人宣稱美國實際上沒有分裂，以及大多數人在民調中對大多數議題的看法一致，但組織化的政治仍然嚴重分歧。

由於美國和歐洲的經濟情況截然不同，那麼該如何解釋前面的說法？我們總是可以說，美國的財政和貨幣管理當局應該且可以做更多，但儘管歐巴馬主政的美國推動二次戰後最大規模的財政計畫也沒有解決問題，而且我們很難辯稱聯準會（Fed）沒有採取足夠的對策。美國的經濟復甦十分緩慢，但美國仍享有歷來最久的連續就業成長期。這不是那種有人想找工作但找不到的經濟蕭條，情況正好相反。

新創造的工作品質如何是一個值得探究的問題，此外，聯準會調查美國人主觀評估他們的經濟滿意度的數據顯示，就業以緩慢速度復甦，但財富並未回升。在二〇一七年，大約七四%的美國成年人表示，他們的生活過得還好或很不錯，但也有四〇%的人說，他們沒有能力支應意料之外的四百美元開支。[16]後來二〇一九年聯準會的一項研究提供了我們答案：儘管危機已經過去十年，六〇%的美國人還沒有重建在危機期間喪失的財富。[17]因此，雖然當局宣稱經濟復甦，不滿的情緒仍持續存在，因為許多美國人生活不穩定，以及他們僅擁有少量或完全缺乏用來因應意外支出的財富。

馬克：我確實認為個體的壓力源導致憤怒經濟學——這個主題我會在對話4裡更深入討論——在美國和歐洲的情況大不相同。我們認為歐洲需要「結構性改革」——因為我們不斷聽到媒體這麼說——而直到最近這主要是指要壓低薪資以提高國家「競爭力」。但不幸的是，這麼做會摧毀需求，因為如果你削減薪資以提高競爭力，經濟體本身和經濟體之間的需求就會減少，最終實際上會傷害就業。歐洲沒有太嚴重的結構性問題。許多人對這種說法可能會很驚訝，但當你考慮北義大利的貧窮率只有美國的三分之一，為什麼我們聽到的是義大利而不是美國需要改革？歐洲有許多可以改革的地方，因為它在單一貨幣、單一央行和統一的利率下，在這群體質互異的經濟體上用了錯誤的政策組合。

在這方面美國是一個有趣的對照，雖然美國現在有充分就業，成長的利益分配卻十分不平均，而且你提到的復甦除了在就業率外實際上不算是復甦。以另一個壓力源——醫療來說，在美國你真的需要擔心醫療問題，它是個人的消費支出。如果你有幸在一家提供醫療保險的公司工作，你的僱主會替你支付一些，你自己支付一些，但僱主支付的部分已開始越來越少。在這種勞動市場中，勞工對他們的實質薪資會比像義大利這種國家的勞工更敏感；義大利的勞工可能靠月薪一千二百歐元就能過日子，因為你不必擔心醫療是得自掏腰包的支出。在美國的都會地區，每個月一千二百美元很難不讓你陷入貧窮。所有公眾對認知的經濟不公平的反應雖然是全球一致的主題，但在不同的地理區卻有截然不同的個體層次的壓力源在作用。

艾瑞克：好，所以當我們探究正當的公眾憤怒的原因時，我們看到一系列的因素。從根源來看，這是在民族國家層次上所被認知且真實的政治權力喪失。喪失聲音是基於兩個結構性的趨勢：全球化導致民族國家在若干重要的政策制訂領域權力遭到真實的削弱，以及重大的權力從民選的政治階層轉移到獨立的機構，例如央行。在此同時，冷戰期間創造的強烈政治認同意識的淪喪，無關痛癢的中間派無法提供代表或選擇給忿忿不平的選民。

二〇〇八年的金融和經濟危機，讓這些根本的緊張浮上檯面。技術官僚統治在經濟崩潰下喪失信譽，在歐洲以一種有害的形式呈現出來，穿著灰西裝的嚴肅官僚變成施加經濟懲罰的工具，導致高失業率和社會剝奪，並以南歐各國最為嚴重。在美國，危機標記了金融化和去監管的破產，強化了不只是經濟利得集中在極少數人手中，還包括了政府只顧紓困有權力、有影響力者，而衰退的後果卻全部由中低所得者承受的感覺。

至今還令人驚訝的是，經歷這一切後我們仍面對政策的慘敗。全球的政治菁英沒有提出重大的經濟改革計畫，沒有採取任何重大作為，反而選擇搶搭民族主義的列車，或堅持沒有發生根本上的錯誤。目前的政治趨勢一部分是混淆視聽地重申，民族化國家可以減輕不受節制的資本流動和企業權力造成的傷害。但正當的公眾憤怒深層的經濟根源仍未解決——我們未能迅速且強力地因應衰退，雖然我們知道該如何做；以及已開發世界普遍的所得和財富不平等急劇地升高，獨厚資本家卻繼續漠視勞工。

我們將回到我們對從根本上處理衰退風險的提議，但我想我們值得花更多一點時間在不平等上，因為情況比經常被討論的更為曲折。儘管所得和財富不平等趨勢的許多特性可以追溯到一九八〇年代初期，這個主題一直到過去五到十年才開始支配已開發世界的政治討論，特別是在皮凱提（Thomas Piketty）的《二十一世紀資本論》（*Capital in the Twenty-First Century*）出版並引發熱烈的迴響後。

此外，這是一個很複雜的領域——很難評量，而且各地理區的趨勢大不相同。我想強調我對把不平等視為憤怒經濟學背後的單一原因保持審慎，理由之一是憤怒是世界各國政治普遍的特性，但不平等的趨勢並不是。不平等會成為一個問題有許多原因，包括對不同階級的人製造不同的生活機會，到製造不同的健康結果。這些都已普遍被了解和列入文獻，但我想強調我們迄今已暗示的其他東西——不確定性如何在所得分布位於底層者的生活製造了更多嚴重的壓力源。我認為這種不確定性——對收入、就業安全、未來展望和子女的發展——所製造的持久個人焦慮，也助長了憤怒經濟學。

馬克：我們的不平等無疑的有多重原因。我們知道政策透過產品和勞動市場的去監管、勞動市場的去工會化，和透過偏袒頂層所得者的稅務政策，直接助長了不平等。被普遍承認的另一點是，科技也導致更高的所得和財富不平等。我們也曾談到民族國家層次的政治決策和全球資本的力量間出現的緊張，它也影響勞工和資本間的國民所得分布。但我想更深入探討你對不平等在公眾憤怒世代所扮演角色的審慎。為什麼你對不平等升高是我們的「頭號嫌疑犯」有所保留？

艾瑞克：我先觀察到的是，憤怒經濟學在已開發西方世界各國似乎已成為趨勢，而所得和財富不平等在各國的情況差異很大卻是個經驗事實。但被測量的實質情況和感受的幸福之間值得更深入探究，我想當人們談論不平等時會把這兩個問題混為一談——說中位數實質所得在過去三十年沒有成長，雖然那主要是一個美國現象且可能已經好轉，同時財富和所得的分散也已擴大。我的看法是，不平等已升高到難以接受的水準，但我很懷疑中位數實質所得沒有成長，而這一點很重要。

馬克：好，那請你解釋為什麼所得的成長超過我們認知的程度？

艾瑞克：市場制度和它製造不平等的辯護之一是，它提高了絕大多數人口的生活水準，包括較底層所得分布者。因此，就某個意義看，我們集體地容忍了許多不平等。所以如果實質中位數薪資和所得沒有成長就是個大問題。如果它沒有成長，那表示制度失敗了。

停滯的實質薪資暗示了生活水準改善很少，所以我們必須確定情況確實如此，而我不確定。沒錯，我也懷疑新自由主義時代沒有為最低十分位數所得分布的人帶來實質所得成長——即使是在美國——的說法，因為我們衡量實質所得的方法很不完美，而且所得階層的組成分子並不固定。

此處有一個問題，當人們談論實質中位數所得從一九七〇年代以來沒有成長時，通貨膨脹的衡量是其中一個關鍵成分。我們知道名目所得是什麼，它是沒有經通貨膨脹調整的薪資金額。但我們不知道價格扮演的角色，而衡量價格卻出乎意料的困難。例如，如果通貨膨脹被高估一%持續二十年或三十年，實質所得可能比資料顯示的高三〇%或四〇%。較簡明的例子是，如果沃爾瑪繼續降價，它顧客的實質薪資可能增加，雖然他們拿到的薪資沒有增加。這種感覺可能不像加薪，但實質上它是加薪，因為真正重要的是你的薪資可以買到多少東西。

我們在這方面已有的證據顯示，通貨膨脹確實每年高估約一％，原因是在計算通貨膨脹上的數項技術困難，但更主要的是因為產品和服務品質的改變——想想現在到醫院與一九七八年時去看病的差別——很難衡量。幾乎可以確定的是，這個衡量問題在技術快速變遷的服務業為主的經濟體，比四十年前製造業的情況還嚴重。而今日我們的消費大多數是服務，不是產品。

馬克：首先，我不太認同這個觀點，因為如果你不知道錯誤有多大，你就不知道它影響的程度。它可能重要，也可能不重要。此外，如果通貨膨脹的衡量錯誤，那麼對每個人的衡量都一樣錯誤。窮人可能不像我們以為的那麼窮，但富人一定也比我們以為的更富有，因此不平等本身可能沒改變。但更重要的是，這個說法如何套用在我們從像皮凱提、米拉諾維奇、賽斯和其他經濟學家的研究中所知道的標準數字組？頂層一％的人賺走了從二〇一二年來所有增加所得的九〇％，以及頂層一％的人在一九七〇年末佔有約八％國家財富，而到今日這個數字已飆升到近二八％？

艾瑞克：我的論點沒有改變不平等已升高而且很極端的事實。我想這是一個大問題，但我的論點是，新自由主義的經濟秩序實際上可能已帶給所有人經濟利益。它不是一個經常被描繪的零和遊戲，而且我認為衡量的問題在這裡是個重要因素。我也認為消費的分布和所得分布有一個重要的不同。在歐洲，所得分布不平等較不重要，因為我們最關心的服務如醫療，是免費提供；在美國，醫療成本和教育成本高得嚇人。

我也應該強調——而且這很重要——全球自由經濟制度完全有可能為絕大多數人口帶來不同程度的經濟利益，但同時人們仍然感到十分焦慮和備受壓力。我想當我們看憤怒經濟學的個體層次壓力源時，這一點就更清楚了。我想很可能科技已提高實質所得，但卻讓我們變得不快樂。智慧手機就是證明之一。

馬克：但這個衡量問題可不可能往另一個方向傾斜，以至於消費的不平等比我們所想的還嚴重？例如，美國的通貨膨脹指數過去二十年來維持在約二%，在同一時期的教育成本上漲一二〇%，醫療成本也上漲八〇%。衣服的實質價格呈現下跌，所以我想我們可以看起來過得不錯，同時又因為沒有錢看醫生而感到壓力深重和極度憤怒。醫療照顧的品質可能已提高，但享用醫療的門檻也提高了，所以那有什麼用？歐洲的情況也類似，免費的服務已好幾次被削減，即使是在最有錢的國家也是如此，同時對它們的需求已大幅升高。食物銀行提供免費食物且東西很多，但這並不值得誇耀。

艾瑞克：同樣的，美國和已開發世界的其他國家很不一樣。癌症是美國個人破產的最大原因之一，而在歐洲大多數國家，癌症治療是免費的，而且一般來說一樣有效。醫療成本在美國的數據可能被低估，原因正是許多美國人實際上負擔不起。在美國對生病感到恐懼和壓力沉重是存在的，即便是你沒有生病，這些都是公允的說法。

馬克：好，這些我都了解，但這讓你前面有關憤怒的討論變複雜了。如果你想傾聽的正當憤怒因為人們不了解實質所得和名目所得的差別而被誤導時，我們就無法知道我們聽到的是什麼了。畢竟，如果人們比自己認為的更富有，我們就回到如何解釋經濟製造憤怒經濟學的起點了。所以也許這裡可以用一個不同的方法來說明問題，以便部分回答你的反對看法。

當你看有關民粹主義的學術文獻時，你會發現大部分屬於三個類別，第一個可以稱做「那都是文化」。這個類別喜歡把焦點放在川普選民，並傾向於忽視在美國國內和國外都有左派和右派的民粹主義運動。儘管如此，它們還是有值得一看之處。經濟學家凱斯（Anne Case）和迪頓（Angus Deaton）的研究指出，勞工階級男性人口感到地位下降、菁英擁抱多文化主義引發的反應、鴉片類藥物和酒精成癮造成的絕望死亡（deaths of despair），以及單純的種族歧視，都已清楚呈現，[18]但他們沒有解釋這些因素如何產生影響。問題是你無法藉由提到一個文化改變來解釋這個文化改變，例如，解釋藉由種族歧視者人數增加來解釋種族歧視升高，或反過來。從定義上來說，它既是正確的，但同時也是循環論證。除了種族歧視本身和衡量它的事情外，一定有什麼東西造成種族歧視升高。

這帶領我們到第二個類別，我們可以稱為「那都是經濟學」。的確，身為憤怒經濟學家的我們比較喜歡這一類，但如果我們公平一點的話，我們就必須承認這也是偏頗的。它過於輕忽文化，並可能嘗試以關聯性來解釋太多事情。例如，英國脫歐投票與預算削減和進口競爭有關聯性，卻沒有解釋為什麼這些重大改變製造出民粹主義政治人物正在利用的憤怒，以及為什麼是在此刻發生。畢竟，我們以前也有過衰退，但它們很少導致這麼嚴重的政治分裂。

第三個類別無法簡單描述，但基本上它強調兩個原因：地理區域和技能。都市是贏家，而技能轉向受過教育的白領勞工是今日所見的不平等的主因；遠離大都會的較小城市和鄉鎮則是輸家。與這並行的是第二個原因：這些都市裡的菁英無視於他們同胞的痛苦。吉爾盧（Christophe Guilluy）寫的《精英的暮光之城》（*Twilight of the Elites*）優雅地為法國訴說了這個故事，但較晚近的研究顯示，這種都市／農村、有技能／無技能的鴻溝在各個國家都很嚴重。法國的「黃背心」抗議似乎支持這種論述。

現在，與其挑選其中一類，什麼東西能讓我們結合所有這三類的方法？對我來說，是不平等。如果有人認為名目是真實的，而實質是不真實的，那麼重要的是他們怎麼認為，而不是我們決定他們應該怎麼認為。不平等的感覺和它的實質一樣重要，正如被認為「公平」分配對激發憤怒來說和平等分配一樣重要。

什麼激起了白人勞工階級的地位焦慮？是一種突然想成為種族歧視者的新渴望？或是他們感覺某些地方的某些人，在某些大都市賺走了所有的錢，而他們賺的卻越來越少，而且那些只顧私利的政治人物告訴他們，錢都被少數人和外國人賺走了？什麼驅使人們依賴國家以投票反對留在歐盟，但歐盟卻與他們感覺的分享利益不平等無關？什麼原因讓黃背心破壞法國半數的交通攝影機——難道不是他們感覺被剝削得不得不開車上班，而都市的菁英卻賺得盆滿缽滿？不管如何衡量，對我來說，不平等的感覺和事實造成了憤怒經濟學。我想如果我們接受這一點，就能解釋很多現在發生的事。

艾瑞克：我相信——到某個程度。在很根本的層面上，我們對地位和正義，也就是憤怒的準道德驅力——的感覺，終究是對比較待遇和能否獲得資源的感受。

但我仍然認為，我們所談的憤怒經濟學的論題是，更深入揭露我們真正面對的挑戰和焦慮，而不局限於物質的不平等論述。你可能體驗到所得增加卻感覺更大的不安全感和壓力，不平等可能代表著某種更深層的感受。諷刺的是，我已經先入為主地認為降低不平等是解決方案的一部分，但不平等扮演的角色卻被誇大成原因。

在我們以道德憤怒屬於公眾憤怒的一種形式來作為本篇對話的結論前，你能否簡短地補充你對我們截至目前忽略的一個重要領域——人口組成——的看法？我們將在對話4裡對這個領域有更多討論，但現在你只要概述它。在我們的意像裡我們常想到憤怒的老人，而當我們想到足球迷時，映入腦海的是憤怒的年輕人。我們想到的總是男性，但憤怒似乎不是任何年齡群體的專屬。人口組成在憤怒經濟學中怎麼呈現？

馬克：是的，這是我們要在對話4更深入探究的謎團之一。整體來說，在全世界的各個富裕國家，五十到六十歲年齡層的所得分布可能與二十歲年齡層和四十歲年齡層一樣廣，這是一個事實。但同樣也是事實的是，幾乎所有富人都是老人。他們有一輩子的時間來累積資產，而且他們是在一段特定的高實質利率時期獲得財富。

在二次大戰剛結束後的一段期間，世代間的轉移還不是大問題。當時龐大的公共部門在年齡層間和世代間轉移所得，個人和企業支付較高的稅率，退休年金佔總公共支出的比率相對較低。今日，在老年人口越來越多和不斷累積過去四十年創造的財富下，情況變成領受退休年金者的貧窮率低於年輕人，他們不但較可能投票，而且因為人數較多和活得更久而擁有國家財富的一大部分。他們的消費也很不同，儲蓄更多且支出較少，這降低了所有人的成長。一旦你把這些面向加入我們的論述之中，看到的景像就是世代間的不平等，以及階級間和不同資產擁有者間的不平等。人口老化再加上科技創新，你得到的就是一個憤怒和不確定的世界，而這種有毒組合對我們政治的影響可能超過我們的想像。我們後面將再談到這個主題。

艾瑞克：好，所以這把我們有關公眾憤怒是道德憤怒的討論帶到結尾。我們已辨識一連串力量共同削弱了我們發聲的感覺，金融危機和隨後的發展進一步凸顯這種和其他種經濟緊張。衰退的效應和不平等的長期趨勢為憤怒提供了正當的經濟理由，雖然各區域有細微的差別。我們已指出，所得不平等在歐洲可能較不嚴重，因為所得分布相對較平等，但也因為關鍵的消費組成，如醫療和教育遠為便宜、甚至免費，雖然它們的供應近幾年來較緊縮。

歐洲的問題似乎是有一種金融和循環性不穩定的內建傾向，導致嚴重和結構性的失業問題，以及在許多國家的相對薪資停滯。美國的問題剛好相反，特別是醫療成本以全球標準來看極其昂貴，而且所得不平等較極端。我們可以爭辯美國實質中位數所得的長期趨勢，但現實是大部分所得成長落在分布的極頂層，而一般的疾病卻可能使一個美國家庭破產。民主正在加快由解除管制、全球權力平衡轉向資本和科技的破壞效應所形成的趨勢。

我們的結論是：沒有人曾想像過、更別說實施過一項或一套能解決這些問題的政策。我們相信有一些明智的方法可以解決它們，進而提供對憤怒經濟學的解藥。但在談到這些之前，讓我們先深入了解究竟為什麼我們會陷入如今的困境。世界從沒有過像今日這樣富裕卻也如此憤怒。

對話3

總體
憤怒經濟學

Macroangrynomics:
Capitalism as Hardware, with Crashes and Resets

資本主義是硬體，當機和重開機

「我們讚許一個人根據正確的理由和針對正確的人感到憤怒。」
——亞里斯多德（Aristotle）

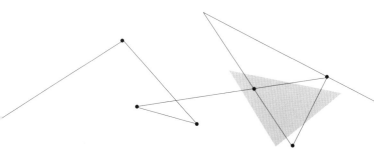

三個經濟學家的寓言

卡爾（Karl）老實說是個歷史學家多過於經濟學家。的確，他打從心裡認為世界在十九世紀整個轉向市場交易、薪資勞工，和讓一切東西變成為獲利而銷售的商品，而這是一個徹底的餿主意。他的直覺是，勞動是商品中獨特的一項，所以它實際上不是商品。畢竟，勞動就像綠色食品（Soylent Green）是以「人」為原料的。雖然綠色食品不在乎它的成本很低，人卻在乎（譯註：綠色食品為電影《超世紀諜殺案》〔*Soylent Green*〕中，以人類為原料所生產的食物）。而如果人週遭的世界改變得讓他們變更窮，不管是不是他們自己的錯，他們會很憤怒，並要求國家保護他們免於這些「市場力量」侵害。大家都嘲笑卡爾。他們向卡爾保證，市場就像我們呼吸的空氣那麼自然，而且市場提供潘格羅斯博士（Dr. Pangloss）

承諾的「所有可能的世界中最好的世界」。然而世界卻在一九三〇年代崩潰，各國的人民紛紛起而反抗市場。

約翰（John）老實說是個數學家和哲學家多過於經濟學家，但也許這是他能察覺其他真理的原因。他認為供給不會創造它自己的需求，因為個人的消費決定和儲蓄與投資在時間上是分隔的。一旦你了解這一點，衰退和蕭條突然就說得通了。如果投資人對未來感到悲觀，他們現在就不會投資，而這正好造成他們嘗試在未來避免的結果：一場衰退。如果你對未來的預期是悲觀的，你必須做的就只是今日花一些錢來提高明日的價格水準，然後投資人今日就會因為預期未來的獲利而再度開始投資。支出的目的不是花錢，而是轉變對未來獲利的預期。但當約翰的想法普及後，來自和卡爾相同世界某個地方的米哈爾（Michal），發現一個約翰的邏輯瑕疵呼應了卡爾對勞動的直覺。

如果約翰的解決方案是提高價格以避免衰退，米哈爾發現這麼做將導致權力從企業轉移到勞工。具體來說，如果充分就業不是問題，勞工就可以不費成本地換工作，並在永遠緊俏的勞動市場上不斷推高他們獲得的薪資。這將導致企業獲利下降，勞工佔國民所得的份額上升，並削弱投資人階級的政治影響力。

米哈爾心想，無法避免的結果將是資本起而反抗勞動，和重新恢復市場紀律。畢竟，如果卡爾的看法正確，面對薪資降低的勞工將轉而反對市場，尋求國家的保護，企業必須做的就是接管國家和取消那些保護，以恢復它們在談判桌上的地位。因此，目標變成逆轉卡爾的保護主義衝動，而奇怪的是，這正是一九七〇年代和一九八〇年代發生的事。那麼，這則寓言的寓意是什麼？它告訴我們，到最後你可能得到對一個經濟問題完美的技術性答案，但如果政治反對你，你就玩不下去了。

艾瑞克：馬克，我們列出兩種公眾憤怒的形式。第一種形式——最毒和最危險的——是部落能量。它已被部分政治階層和媒體利用，用以動員憤怒和具部落性質的少數群體。它造成極化，而且刺激暴力和歧視的擴散，憤怒的少數群體可以、且確實贏得競爭激烈的選舉。第二種公眾憤怒的形式，是我們必須傾聽和解決的道德憤怒。人們遭到輕視、忽略、貶抑，而政治階級未能傾聽他們真正的心聲——就業不安全、喪失技能、職場運作的快速變遷、沒有人代表他們、財富不平等比一九二〇年代更極端、政治貪腐，以及菁英的信用淪喪。這是以正當的道德譴責形式表達的政治憤怒。它有經濟的根源，但它也有歷史過程和背景故事。讓我們嘗試儘可能地把這個故事拼湊起來。

馬克：好，讓我們用之前嘗試讓大家了解憤怒經濟學的長期演進時用過的類比：把資本主義類比成一部經常當機的電腦。這提供一個簡單的模型，以供思考憤怒經濟學背後的個體層面。讓我們概述三個版本的這種資本主義／電腦的類比，分別稱它們一·〇、二·〇和三·〇版。說明這些後，讓我們開始。

艾瑞克：在討論每個版本前，讓我談談資本主義的硬體。想像你的平板電腦或筆記型電腦是一個資本主義經濟。換句話說，一個產品和服務的生產由個人和公司透過市場提供的經濟體系，而在市場中由價格和所得決定由誰獲得什麼。如果你把筆記型電腦掉到地上，然後拾起碎片，你將發現它賴以運作的硬體。如果你的筆記型電腦或平板電腦是蘋果（Apple）的產品，它將以特定方式組裝。筆記型個人電腦或三星（Samsung）平板電腦的組裝將不會一樣，它們基本上有相同的零件，但把它們拼湊在一起的「組合方式」不同。

現在回到我們生活和工作的真實經濟。正如每一部電腦有一片主機板、一個顯示處理器，和一個中央處理器，每一個資本主義經濟有一個勞動市場、一個資本市場、一個政府，和一大堆其他類似的零件。而正如蘋果和三星的產品有不同的組裝，構成真實經濟體的零件安排也不一樣。

為了做比較，想像美國和德國的經濟。美國勞動市場的管制很少，製造出大量一般技能的勞工，訓練交由勞動市場外部的機構執行，例如學院和大學。對照之下，德國的勞動市場監管遠為嚴格，它製造出較高技能的勞工，而且這些技能是勞動市場內部的機構訓練出來的，例如工會（trade unions）和公司。

現在再想想股市。美國股市規模又大又深，流動性高，許多公司的目標是掛牌上市以便儘快為創辦人套取現金。德國經濟的硬體由一個通常為中小型、且往往是家族企業的網絡所支配，通常它們根本不想公開上市或發行股票。同樣的，對照存在於美國和德國政府。它們都是聯邦國家，但比較起來一個是對大部分國民所得課稅並重分配，另一個卻非如此。

這裡想表達的重點是，就像電腦硬體一樣，資本主義的機構組合起來限制了可能產生的政策。如果你有很深、流動性高和開放的股票市場，你就可以讓大多數人口透過私人年金購買股票；如果你沒有，就辦不到。如果你有很大的工會控制技能發展，你就不必那麼快把生產移到墨西哥或中國，因為你無法輕易地找到你需要的技能。好，這是硬體部分，但軟體——我們對經濟體可以和應該如何運作的構想，給了我們執行硬體的「程式碼」——呢？

馬克：正如硬體的組合限制了可以製造的電腦種類，硬體也限制了可以在電腦上執行的構想——軟體。例如，在德國機構的限制下，要在德國經濟執行激進的自由主義軟體幾乎不可能。同樣的，在美國機構的限制下，執行例如瑞典的社會民主軟體可能引起嚴重的排斥問題。就像軟體和硬體必須在一台筆記型電腦或平板電腦上能相容——你不能在三星平板電腦上執行蘋果的作業系統而不先大幅改編軟體——如果資本主義經濟體要能運作也要解決相容性的問題。此外，由於長期以來在不同的地方出現了不同的硬體和軟體組合，我們不應該對丹麥的產出、消費和價值應該不同於中國的產出、消費和價值感到奇怪。

有了這些概念後，現在我們就可以列出長期以來出現的不同經濟體——不同軟體和硬體的組合——和它們如何定期地激起許多憤怒。這裡的重點是認識軟體如何出現「臭蟲」（bugs），最終導致電腦當機。當發生這種情況時，就像一台電腦，資本主義就會「當機」，並需要重新開機。硬體需要重新設定，而軟體需要重新編寫，而且通常這是一個痛苦的過程。這些當機是製造許多危險的時期。要了解為什麼，讓我們回到對話開頭的寓言。

寓言中的卡爾不是你可能想到的卡爾・馬克思（Karl Marx），而是歷史學家兼社會學家卡爾・波蘭尼（Karl Polanyi）。波蘭尼在一九四四年寫了一本名為《大轉型》（*The Great Transformation*）的書，描寫了相當於毀滅了一・〇版自由資本主義的軟體臭蟲。這個版本在十九世紀興起，在即將進入二十世紀時擴散至全球，並在第一次世界大戰後當機。為了找到臭蟲，波蘭尼問了下列的問題。

市場、交易和價格從有人類以來就存在，那麼究竟是什麼讓經濟組織變成「資本主義者」？波蘭尼認為讓資本主義有別於舊日經濟組織模式的是，它建立在國家刻意建構的三種「虛構的」商品之上：勞動、土地和資本。如果缺少它們，你可以有市場和交易，但不能有資本主義。

正如寓言裡的解釋，最大的虛構是勞動是一種商品。換句話說，一袋馬鈴薯，或一噸小麥（或綠色食品）顯然是一種商品，而且它不在乎它的價格，但勞動肯定在乎。勞動喜歡它的價格（薪資）上漲，並厭惡價格下跌。當你持續壓低薪資——在一九二〇年代通貨緊縮性的金本位制下，或在過去十年歐元區的「國家必須更有競爭力」的教條下——你會對牽涉其中的人製造了大量的不確定性和苦難。人們痛恨這類東西，並開始對它們感到憤怒。勞動力是唯一能對價格變動產生社會反應的商品，這就是為什麼把勞動當作商品是資本主義——或至少是一種被保護得很好的政治和法律建構——運作所不可或缺的一種虛構。

波蘭尼的洞識可以濃縮成這個簡單的重點：你越是嘗試對待薪資是一種價格，就像其他應該削減的成本那樣的話，那麼反對市場交易的社會反應就越會被挑起。如果你國家採用的資本主義版本只有很少的安全網，而且市場關係是你賴以生存的僅有方式，市場的上游和下游將出現市民要求保護的需求。波蘭尼稱之為「雙重運動」。換句話說，任何社會如果仰賴把勞動視為商品的市場，將無可避免地製造出反對這些政策的反彈，因為勞動力和其他商品不一樣，這種反彈將以要求市場提供「保護」的形式出現。

這種保護可能採取工會的形式，它可能採取張伯倫（Joseph Chamberlain）的社會帝國主義的形式，它可能採取新政（New Deal）自由主義的形式，或義大利和德國法西斯主義的形式。今日，它採取經濟民族主義的形式，以「奪回掌控權」（支持英國脫歐者的口號），讓經濟更能反應政治。總之，如果你想了解一九二〇年代和一九三〇年代資本主義一．〇版當機時發生什麼事，它實際上是一次維繫勞動是商品這個經濟虛構的嘗試與政治現實的衝撞，而那就像你對待人像一袋馬鈴薯時，結果是他們集結起來把體制丟進油鍋裡。

艾瑞克：好，如果波蘭尼給了我們有關今日的憤怒經濟學來自哪裡的第一片拼圖——來自勞動只是商品的虛構，它在政治現實中是無法持續的——那麼第二片拼圖就來自我們開頭寓言裡的朋友約翰。當然，約翰就是凱因斯（John Maynard Keynes），他在一九三六年寫了一本也是反省資本主義一．〇版失敗的書，書名為《就業、利息與貨幣的一般理論》（*The General Theory of Employment, Interest and Money*）。

在凱因斯之前，經濟學家認為只要依靠市場結清（market clearing；買家發現賣家和勞工發現工作）和透過自由競爭，就能產生充分就業。凱因斯反對這個觀點，並根據他對當時仍在持續的大蕭條的了解宣稱，我們大部分時候不是真正居住在一個市場總是能結清，以及最貧窮者能和最富裕者一起改善生活的世界。反而資本主義製造的世界可能有高失業率——甚至全面的大蕭條——和巨大的不平等。這套體系沒有自然能達到最理想世界的傾向。

在這個背景下，凱因斯和波蘭尼一樣重新研究國家的角色，但從不同的角度出發。凱因斯希望國家不只是一個制訂法律的機構，用來創造讓市場得以運作的波蘭尼虛構。他希望國家藉由公共支出來穩定就業和投資，以抵銷導致蕭條的私人部門支出信心的擺盪。

這對真實世界意味著什麼，以及這與波蘭尼有什麼關係？它意味在一八七〇年代到一九三〇年的資本主義一·〇版期間，國家能容許數百萬名勞工失業，並且說「這是事物的自然秩序」，因為沒有替代的軟體（構想）來執行既有的硬體（體制）。的確，那段期間的主要安全閥，是從有過剩勞動力的國家移民到缺少勞工的國家，也因此造就了埃利斯島（Ellis Island）和美國的崛起。

但在基本上，執行一．〇版的軟體說，任何國家嘗試因應「壞」的市場結果——例如失業或貧窮——的作法都有反效果，因為長期來看市場會自我矯正。但當像一九三〇年代那種全面性的災難發生——第一次世界大戰的通膨對儲蓄的壓抑、恢復金本位制的努力失敗、華爾街崩盤、全球貿易劇減的效應——全都對勞工增添壓力，進而導致一．〇版的潰敗。正如凱因斯的名言，結果是「長期來看，我們都死光了」，而一．〇版之死製造了三種截然不同的公眾憤怒的表達。

第一個是法西斯主義。法西斯主義是國家藉由廢除社會來拯救市場的嘗試。法西斯主義對憤怒的解決方案是讓每個人接受國家的紀律，以便把部落憤怒轉移到「外國」和「不純潔者」，就這面向來說，它是「極權主義」。第二個是共產主義，它嘗試運用國家力量來廢除市場，進而透過階級同質化和強迫消滅不平等來製造模範國民，以此建立社會紀律。

最後一個是最有適應性的民主和市場的結合，因為在民主體制下你可以投票，因而給憤怒正當的聲音。但給憤怒聲音的問題是，在一．〇版中重要的是錢，不是聲音，而民主中重要的是聲音。這兩股潮流顯然會產生緊張。如果資本主義二・○版要能生存，就必須嘗試藉由讓民主和市場一起合作而非削弱彼此來解決這種緊張。

馬克：這正好帶我們進入凱因斯一九三六年那本書的內容，談的就是寫來讓民主和市場共同在資本主義二・○版上運作的新軟體——這套二・○版從一九四五年使用到一九七五年。為了釐清這兩套軟體程式的不同，想想兩種我們可以為一・○版和二・○版編寫軟體程式的最簡單方法。一・○版的軟體通常稱作貨幣數量理論（quantity theory of money），但在此處將把它當成執行資本主義一・○版的基本軟體規則。

$MV = P \times Q$

M＝貨幣

V＝貨幣的流通速度（它在經濟體系中花費的速度）

P＝價格

Q＝數量（經濟體系中所有的商品）

所以貨幣（M）乘以流通速度（V），必須等於商品數量（Q）和用以計算它的價格（P）。很簡單。

這是一個很簡單的模型，等式的一邊是有經濟裡的貨幣（貨幣乘以流通速度——基本上就是花用貨幣的快慢），相等於另一邊經濟的實質面（所有生產商品的數量〔Q〕乘以我們支付它的價格〔P〕）。現在重點來了。MV＝PQ是定理，它被定義為真。但如果我假設長期來看（或在沒有國家干預、市場不完美，和／或火星人入侵的情況下）流通速度（V）是穩定的，我就可以強力地主張一些事，例如，如果你增加M比增加Q的速度快，它將造成P的增加（通貨膨脹），還有如果M大幅下降，那麼P也會跟著下降（通貨緊縮）。

在這個模型中，Q（它是自由市場中由資本和勞動製造的總經濟產出）應該讓它自由發展。國家應該限定自己只審慎地控制會製造通貨膨脹的M。因此，這其中有一套明確的政治學。在一・〇版中，貨幣（M）被限制在一個反民主的箱子，避開干預者和民眾的要求，而作為回報的是資本擁有者和投資人階級——那些掌控成長機器的人——給我們越來越高的生活水準。

根據這套軟體原本的執行方法，大蕭條的發生令人大感震驚，因為那段時期的大規模失業唯一的解釋，似乎是數百萬人隨機地請無薪假好多年，和投資人階級喪失了投資的欲望。顯然這套軟體的規則出了差錯。但替代的規則是什麼？以下是凱因斯的替代軟體規則：

Y＝C＋I＋G＋（X－M）

在這個世界貨幣不見了，而國家回來了。

Y＝一個經濟體中所有人的總所得

C＝總消費

I＝總投資

G＝政府支出

（X－M）＝淨出口；放在括弧中是因為在一九三〇年代和戰後一九四〇年

代的背景下，經濟大體上與外部力量隔絕。

凱因斯的祕訣是完全承認投資（I）是等式中最重要的部分，以及同意一．○版對沒有投資（I）就沒有薪資成長、沒有生產力提高和其他東西的觀點。但他宣稱，蕭條中發生的是投資人對未來獲利的預期破滅了（誰會在蕭條期中間開一家新工廠？），和一旦這種預期在整個投資人階級中生根，對投資的態度就會變得非理性。政府（G）必須投資錢，不是支付贊助者或賄賂選民，而是用來改變投資人據以反應的價格信號，讓投資人恢復理性並再度投資。這就是政府支出是凱因斯世界觀核心的原因。但同樣的，這其中有一套政治學，一套凱因斯本人否認、而且後來實際上變成導致二．○版當機的臭蟲的政治學。

如果在第一則等式中，個人資本家和投資人是投資和把東西帶進市場（Q）的英雄，那麼在二．○版軟體中英雄就是政府支出（G），因為它推動並規範私人部門投資（I）的水準。在二．○版，並非私人部門的動物本能（animal spirits）而是政府投資，才是穩定需求和結束衰退的關鍵。在這個版本中，如果你想避免法西斯主義、共產主義，並讓市場和民主共同順利運作，那麼用政府支出來維持消費以避免衰退和蕭條極其重要。它是一項功能，而不是臭蟲。藉由在必要時執行赤字預算以成功進行有目標的支出，變成了關鍵的軟體規則，使充分就業、高薪資、持續的生產力提升，以及透過課稅進行高比率的重分配等手段，首度在二・〇版變為可能。

這就是製造出戰後福利國家和戰後成長故事的軟體。想永遠平息導致一・〇版當機製造的憤怒，推動了新軟體的開發和整個硬體的重新組合。一九四五年共產黨進駐柏林的事實，成為西方決策菁英思慮的焦點，而蕭條和戰爭的結合摧毀了舊硬體，在這種背景下，執行電腦的新軟體誕生，創造了大規模系統重開機的空間。

那次重開機大為成功。在每一個已開發國家首度出現頂層的所得分配下降，而底層上升，同時整個所得水準一起提升，並持續了近三十年。在這段期間，法國的國民所得增加為三倍，義大利人談論「繁榮」（Il Boom），美國人發現了中產階級，而英國保守黨政治人物興建數百萬單位的公共住宅，並誇稱勞工階級「從未過得這麼好」。的確，他們從來沒有過。

艾瑞克：在這裡必須強調的是新系統有多麼不同。不管各國的硬體形式和軟體修改如何，有一個政策目標——充分就業——是所有國家的共同目標，這在過去從未發生過。但既然一九二〇年代和一九三〇年代已經顯示，失業和貧窮能讓人憤怒到系統當機的程度，新系統的設計就是為了確保不再發生那種事。但為了維持充分就業和高實質薪資，二·〇版的硬體基本上也必須重新打造。

首先，金融必須放進箱子並且鎖起來。興建工廠和投資在科技發展上的融資是好事，放空貨幣和在債券市場投機的融資則被禁止。銀行的業務受到限制（在美國和英國），或者以法律強制要求必須有高資本比率，並因而限制它們的槓桿（在歐洲大陸）。

勞動被法律承認不是商品，而工會和僱主間的集體議價變成常態。這給了雙方政治籌碼，意味生產力增長更平均地由資本和勞動分享。這也進一步意味著，如果資本想增加獲利並把充分就業視為目標，他們將必須靠提升生產力來達成，而這將有助於刺激進一步的投資。這創造出一個良性循環，在其中高生產力創造高薪資，而高薪資意味高消費和高稅收，所有這些都能促進高品質公共財的生產（醫療、教育、住宅），進一步降低勞動對市場的依賴，以及消除系統中的憤怒。[19]

而這一切由一系列國際貨幣機構和協議所支持，以保持匯率穩定並將資本留在國內。[20]這是一套激進且深入的硬體組合，而且重開機後的軟體讓從美國到瑞典的不同國家，得以持續三十年維繫充分就業的政策目標，一直到車輪相當出乎意料地從馬車脫落。因為正如一·〇版軟體裡有臭蟲——看待勞動為商品，同時否認非自願失業的可能性——這套系統也有臭蟲。這帶我們來到米哈爾，我們開頭寓言的第三位經濟學家。馬克，你了解這個人的一切，讓你來說。

馬克：在一九四三年，一次大戰還在進行之際，有關充分就業的經濟思想革命正如火如荼地展開，當時波蘭經濟學家米哈爾·卡列斯基（Michal Kalecki）為《政治季刊》（*Political Quarterly*）寫了一篇七頁的文章，他不但指出二・〇版軟體的臭蟲，並且預測三・〇版——我們成長的世界——會變成什麼樣子。即使到今日，它還是一篇精闢的文章。

卡列斯基指出，凱因斯忽略了長期維持充分就業的政治學。持續的充分就業非但不受投資人階級歡迎，而且它將不斷推升薪資並傷害投資報酬率。簡單地說，如果勞動市場持續緊張，那麼你公司裡最笨的人可以在中午辭職並在下午四點就找到一個薪資更高的新工作。雖然這顯然對勞工有利，最終卻會導致資本家去思考這個國家領導的勞工友善版資本主義可能不是一筆好買賣。

第一，在強勢工會和無成本的轉換工作流動性下，管理階層的「管理權」將被削弱，而勞工不受管束的行為，特別是罷工將大幅增加。這正是一九七〇年代全球富裕國家所發生的事。第二，在這種壓力下，企業能留住技術勞工的唯一方法，將是給他們更高的薪資。但公司能吸收這種成本的唯一方式，將是比提高生產力更快地提高價格。如果所有公司採用這種因應方法，它將引發薪資－追逐價格—追逐薪資的通膨螺旋，進而因為勞工發現他們剛獲得的加薪遭到通貨膨脹侵蝕而引發更多罷工，這也將終結高薪資而迫使公司提高生產力。一九七〇年代的情況正是如此。

重要的是，預期之外的通貨膨脹加速，變成對投資報酬的一種加稅，而它正如凱因斯發現的，延遲了進一步的投資。基本上，如果我是投資人，而且我預期一項投資在五年期間通膨為三%的環境下可獲得五%的報酬（去除通膨後），我必須有八%的報酬。但如果通膨出乎意料在那五年內加速到一〇%，而我的成本上漲幅度與通膨一樣，我的報酬就報銷了。因此，卡列斯基預期在持續充分就業的政策下，投資會下降，而通膨會持續升高，即便是在勞動市場緊俏的情況也是如此。同樣的，他完全說對了。

想一想卡列斯基曾在一九四三年預測出現「停滯性通膨」（stagflation），即一九七〇年代同時發生的失業和通膨。一個驅動消費和以充分就業為目標的封閉經濟體系，無可避免地將為投資人製造出通貨膨脹危機。這是深埋在資本主義二・

〇版軟體深處的臭蟲。

卡列斯基甚至預測了一九七〇年代末開始、並在二十年後結束的三．〇版重開機。在此值得引述他的說法，他說由於這種獲利危機：

> 大企業和收租者（金融）利益可能形成一個強大的集團，他們將找到不止一個經濟學家以宣稱情況顯然有問題。這些勢力帶來的壓力，特別是大企業，很可能促使政府恢復削減預算赤字的正統政策。
>
> ——卡列斯基，一九四三年

是的，他預測到柴契爾（Margaret Thatcher）、雷根（Ronald Reagan）、金融自由化，以及資本主義三．〇版的開始。

艾瑞克：那麼，如果資本主義二．〇版的問題是薪資─價格螺旋傷害投資，以及最終導致自利的目標與充分就業目標的衝突，那麼三．〇版的設計就是為了恢復資本的權力、放寬市場管制與摧毀通貨膨脹。好，如果你願意處理政治的不利後果，要抑制通貨膨脹其實很容易。你只要提高利率，就像聯準會主席伏克爾（Paul Volcker）一九八〇年調控銀行準備率的作法。這麼做可以讓借錢和舉債變得昂貴，而造成企業破產的結果是需求減少、失業升高和深陷衰退，進而擠壓勞工和壓低通貨膨脹，而這正是雷根和柴契爾在一九八〇年代初期的作法。但要壓抑通貨膨脹和度過政治風暴，你需要從根本上修改軟體和再度組合硬體。為三・〇版編寫的新軟體，就是在這段破壞性時期發生的總體經濟理論革命。告訴我們這方面的情況吧。

馬克：這些是我們在一九八〇年代和一九九〇年代大學課堂上提出的概念，當時學到的教訓是執行資本主義二・〇版的軟體無法同時創造穩定的通膨和低失業率。這一點再加上經濟學轉向更個體經濟學的方法，為資本家的政治代表們——卡列斯基說的「強大的集團」——提供了新軟體。我們稱這套概念為「新自由主義」（neoliberalism）。

但要執行這套新軟體，你要做的不只是修改舊硬體，必須從根本上重新組合硬體才行。三・〇版的新政策目標不是充分就業——因為它會製造通貨膨脹——而是「價格穩定」，也就是不惜代價避免通貨膨脹。雖然提高利率可以短期壓制通膨，要讓它永久有效則必須改變硬體，但改變硬體又會摧毀系統創造通膨的能力。在一九八〇年代有四個重要的硬體改變發生，並將通貨膨脹永久從系統裡消除，重新恢復了資本的價格，並藉此建立了我們成長時期的世界。

首先是要摧毀組織化勞工提高薪資的權力。不管那是透過柴契爾在一九八〇年代以和英國全國礦工聯合會（NUM）惡戰為代表的與組織化勞工的直接衝突，或透過美國在一九七〇年代企業遷移到有「工作權」（沒有工會）法的州，或透過一九九〇年代歐盟層次的擴大「彈性」的政策，世界各國的工會會員人數都急遽減少，勞工從生產力提高獲得利益的能力也隨之下降。而這呈現在勞工從GDP成長中帶多少所得回家上——它大幅度下降。薪資上漲速度超越生產力的能力也因此大幅下降。

但真正加速這些趨勢的原因，是另外兩個硬體的重組：金融市場的開放，以及生產的全球化。二・〇版的重要硬體修改之一是經濟與金融流動的隔絕，基本上如果你想促進國內的投資，你必須阻止資金流向國外。我們已經指出，那意味銀行的業務必須受到限制。但當取消這些限制後——一個始於一九七〇年代末並在大約一九八〇年代末完成的過程——資本就可自由追求最高的報酬率，不管那是在哪個國家。除此之外，還有讓生產全球化變為可能的科技變遷，例如貨櫃船的發明、資訊科技革命，和多平台生產與委外

資本主義二・〇版 1945-1980 年	資本主義三・〇版 1980 年後至今
政策目標：	**政策目標：**
充分就業	價格穩定（低通貨膨脹）
政策結果：	**政策結果：**
勞工分享的 GDP 創歷來最高比率	資本分享的 GDP 創歷來最高比率
企業獲利水準低或停滯	薪資低或停滯
不平等程度低	不平等程度高
市場大多以國家為範圍	市場全球化
工會強大	工會弱
金融弱且不流動	金融強大且流動性高
央行弱且政治化	央行強大且獨立
立法機構強大	立法機構弱

生產的崛起，都使勞工要求增加實質薪資的能力進一步被削弱。

艾瑞克：三．〇版因此被預測將使資本得以自由流動以尋找最高的報酬率，但這麼做卻得付出成本。龐大的資金流動和迅速的進出，導致已開發國家各地越來越嚴重的景氣波動，並以一九九七至一九九八年的亞洲和俄羅斯危機達到高峰。已開發世界在歐元危機期間也證明有類似的弱點。一九九九年歐元問世後，北方的儲蓄湧向南方的市場。隨著危機後對南歐銀行業和政府穩定性的憂慮升高，這些金流開始逆轉，更使得危機帶來的痛苦加劇。

馬克：說的好。三．〇版的主要論據之一是，資本將可更有效率地配置，而且在某個層次上它確實如此。但從實質上來看，它意味投資將離開資本較多的國家，流向資本較少的國家，例如中國。西方公司從這一點獲益，它們的股東也是。西方國家的消費者從便宜的產品獲益，但原本應發生在他們國家的投資現在發生在別的國家，那就是代價。這是現在的貿易成為爭議問題的原因。

艾瑞克：最後，鎖住這一點的是資本主義三．〇版的最重大硬體修改——所謂「獨立」央行的興起。記得在數量理論等式中國家控制和增加貨幣（M）會導致通貨膨脹嗎？所以理論上一旦你去除勞動製造通膨的能力後，通膨唯一的來源就是能印製貨幣（M）的國家。而隨著全球金融市場的興起，資本家也能夠藉由把資本移出國境、讓貨幣貶值並引發危機，來懲罰它們不喜歡的國家的政策。這成了國家把管理貨幣政策的權力交給一個「獨立」機構的理由，因為獨立機構能採取長期的觀點，而不讓通常採取短期觀點的政治人物來制訂政策。

因此，在整個一九九〇年代，這個硬體修正擴散到所有經濟合作發展組織（OECD）和之外的國家，幾乎所有執行三·〇版軟體的國家，都讓中央銀行變成獨立機構，並使央行官員變成權力最大的政策制訂者。[21]其結果是所有這些國家再度採用一套類似的系統，製造出相同的產出，只是這些產出與二·〇版完全相反。從下面比較二·〇版和三·〇版的表可以明顯地看出。

馬克：但是艾瑞克，正如你在之前的對話中強調的，三·〇版持續的時間和二·〇版一樣久、甚至更久的原因之一是它確實管用。三·〇版恢復資本的價值並壓制了通貨膨脹，但在這麼做的同時，它卻埋下不只一個、而是三個導致二〇〇八年系統當機的臭蟲。

第一個臭蟲是所得和財富的不平等。三・〇版支持者的招牌理由之一和一・〇版一樣，是新系統偏袒資本而非勞動，而它帶來的成長將是「抬高所有船」，或至少將「滲漏」到所有人身上。不過，我們到大約一九九五年透過像阿特金森（Tony Atkinson）、渥爾夫（Martin Wolf）、皮凱提和米拉諾維奇（BrankoMilanovic）等經濟學家的研究就已發現，成長並沒有向下滲漏，反而是往上虹吸。具體的數字已眾所皆知，我們前面已經提到一些，但我們下面再回顧一下。

雖然全球化讓開發中世界的勞工受惠，但全球所得分布底層五〇%的勞工只獲得總成長的一二%；另一方面，頂層一%全球所得分布卻享有二七%的總成長。雖然部分國家的情況稍好，但幾乎每個國家長期以來呈現越來越不平等的趨勢，特別是像美國這類從一開始所得不平等就較高的國家更是如此。

但不平等不是唯一的臭蟲，漸漸的另一隻臭蟲也現身。這隻臭蟲是薪資停滯，它發生在當勞工分享成長果實的能力遭到多項政治阻礙時，包括全球化、科技變遷和對工會的攻擊。我知道你對通貨膨脹的衡量方法有一些疑慮，但重點是那是相對的。如果一個國家底層六〇%的勞工薪資上漲，那麼頂層一〇%以上的人賺更多錢的問題就顯得輕微。成長就像貧窮一樣，是相對的。但三・〇版不但製造不平等，它還為已開發世界的大部分勞工造成相對的薪資停滯，在部分國家甚至還出現實質所得減少，尤其是在三・〇版期間最後十年。

同樣的，為了說明起見，根據美國的資料，底層六〇%美國勞工從一九七九年以來實質薪資（去除通貨膨脹後的薪資金額）就未增加。雖然就像你前面說的，通貨膨脹和其他因素的衡量使這種情況變得更複雜，但沒有爭議的是薪資分布的離散程度也已增加。有一個事實粗暴地呈現出這一點。二〇一五年美國經濟才從二〇〇八年崩盤逐漸恢復時，華爾街的紅利總額達二百八十五億美元，這是那一年美國所有最低薪資工作（約三百萬名勞工）總薪資的兩倍。

整體來看，資本主義三．〇版有三隻臭蟲。第一隻是向上虹吸的不平等，第二隻是薪資停滯和薪資分布大幅度的離散，第三隻則是使這兩項因素變得益形嚴重的反應，即一個大多數人已很熟悉的反應：銀行系統的槓桿。你能不能談談它？

艾瑞克：好，我來談談。銀行是很可笑的，銀行認為是資產的東西，我們認為是負債——汽車貸款、房屋抵押貸款、學生貸款。銀行不想擁有你的房屋，它要的是購買這棟房屋的貸款創造的收入金流。所以資產和負債加起來是零。同樣的，一個人支付的利息是另一個人的收入，其總和也是零。這就是經濟學家好像忘記融資是一個問題的原因，如果總和都是零，那有什麼好擔心的？

開一個渴望帳戶　花旗銀行　過富裕的生活

花旗銀行（Citibank）二〇〇三

至二〇〇五年的廣告清楚展現了為什麼我們要擔心的概念，它們張貼在美國各地的廣告看板上，標語是「開一個渴望帳戶——過富裕的生活」。[22]

如果我的薪資沒有成長，而經濟創造的所有財富都流向資本家而非勞工，我們怎麼「過富裕的生活」？線索在於花旗銀行是一家銀行，而你的負債就是它們的資產。簡單地說，要你借錢，越多越好。

當聯準會主席伏克爾在一九八〇年代初期提高利率時，正值金融業管制大幅放寬，這揭開一個實質利率（名目利率減去通貨膨脹）保持在高水準而通貨膨脹快速下降的時代。其結果是，金融業的獲利突然大增，和金融業藉由提供信用賺取利潤。

所以，如果你預期資本主義三・〇版讓你保有工作和維持你的生活水準，你可以用未來的所得擔保你會借更多錢。即使你的薪資沒有上漲，在利率逐漸降低的情況下——正如一九九〇年代從一九八〇年代的極高實質利率下降——你仍然可以繼續借更多錢。而我們確實繼續借錢，所以從一九八〇年代到二〇〇〇年代中期美國和歐盟的消費者信用擴張的速度，是可支配所得成長的兩倍。但如果利率正在下跌而銀行透過貸款賺錢，他們怎麼能繼續賺錢？

答案很簡單：製造更多貸款，其結果是整個系統的槓桿變得更高。而在銀行追求更多獲利的同時，它們本身也借更多錢以放更多款，結果是銀行的權益跌到只有資產（主要是抵押貸款）的一小部分，通常槓桿高達三十倍。在這種情況下，當少數幾家抵押貸款公司和抵押貸款債券基金在二〇〇七年開始倒閉後，很快就發展成一個全面的危機。這些市場的虧損吃掉銀行相對很小的權益，導致它們無法償債，整個系統爆發一場稱作「信用緊縮」（credit-crunch）的心臟病。

簡單地說，只要通貨膨脹維持在低水準，資本主義三．〇版結合的不平等升高和薪資停滯可以共同發揮作用，剛開始利率較高，但長期下來逐漸下跌，鼓勵了更多借款，而借款的能力則不受限制。當系統在二〇〇八年當機時，它暴露出銀行業的槓桿有多高。它暴露出各國的所得和財富極化有多嚴重，以及整個系統的基礎是金融不斷從社會的一部分提供貸款給另一部分，以及從一個國家提供給另一個國家（正如歐元區的情況）。再一次的，這一切都建立在波蘭尼的關鍵虛構上，即勞動是一種商品，和其他商品沒有兩樣，以及當人們發現被視為商品時不會憤怒。不幸的是，他們似乎會憤怒。

馬克：公平地說，在遭遇這麼嚴重的震撼，加上全球銀行體系已變得緊密連結和高度槓桿的情況下，管理資本主義三．〇版的政治人物必須做一個艱難的選擇。一．〇版在一九二〇年代當機，搖搖晃晃走到一九三〇年代才終於解體，並造成災難性的結果。二．〇版的當機也激起許多憤怒，但重開機很徹底，並且似乎保持穩定直到通貨膨脹的臭蟲造成大破壞。三．〇版當機的問題是，世界已變得在金融上相互依賴和「全球化」，引發了系統可能像一九三〇年代那樣崩潰的憂慮。因此，我們沒有讓它破產，反而轉向央行官員，請他們擔任系統的新守衛，要他們設法救援整個系統。

央行官員的角色有點受到誤解。即便他們是獨立的，終究還是接受政府的指令。而當依賴美元借款和放款的全球銀行系統爆發危機時，美國聯準會便站了出來，給有需要的任何銀行美元以避免它們破產，不管銀行的母國是哪一個國家皆是如此。最後，聯準會、英格蘭銀行、日本央行，甚至歐洲中央銀行（終於）拿出約十七兆美元來紓困系統。而雖然這個行動挽救了系統，卻無法避免全球性的衰退、歐洲幾近破產，以及因為一連串的重大政策錯誤而造成歐洲部分國家出現一九三〇年代以來最高、持續最久的失業率。此外，在初期的恐慌被控制後，世界各國政府相繼緊縮預算——實施所謂的節約政策——導致情況更加惡化。

但在製造憤怒經濟學上，這一次同樣重要的是，負擔這些成本的是一般納稅人，他們面對失業、減少消費、破產，並承受因此產生的個體層次壓力源，包括從藥物濫用導致的死亡到因絕望而升高的自殺率。這些例子中的納稅人有許多原本就已負債累累，並且多年來所得停滯不前。[23]他們看到社會中有些最富裕的成員得到紓困，而他們卻遭到裁員。勞動再度變成一種商品，而資本受到保護——最顯著的例子是美國的保險公司美國國際集團（ＡＩＧ）在接受公帑紓困約一千八百億美元後，二〇〇九年還發放數億美元的紅利。

底層八〇%的人實際上是為頂層一%的人犯錯而付出代價，並且在過程中還為頂層二〇%者的資產和所得紓困——在世界各國莫不如此。正如我在當時描述的「人類歷史上最大的誘導轉向法（bait-and-switch）」，銀行系統的私人部門負債最後被納入國家的公共資產負債表，變成更多的公共債務；而公共債務又被縱容這一切發生的政治階層，怪罪為當初根本沒發生的國家「過度支出」危機。

許多人不知道銀行業內部錯綜複雜的關係，但他們知道自己被騙了。不管是在美國的茶黨（Tea Party）運動為民眾和「銀行的社會主義待遇」（socialism for the banks）而抗議資本主義，或在西班牙的憤怒人群運動（Los Indignatios），或是英國脫歐，這場危機刺激了現在正改變世界各國政治的憤怒政治學。

而如果我們想到這三隻臭蟲一起搞垮了三．〇版——薪資停滯、銀行槓桿和不平等——我們就能看到這些系統中的臭蟲仍然存在。儘管有許多經濟體已回到充分就業，大多數勞工的薪資成長卻仍相當微弱。已開發國家的銀行業現在已更集中（玩家進一步減少），而且和十年前一樣獲利豐厚，甚至賺得更多。另一方面，不平等仍然鮮明，這些都繼續製造系統中的高度緊張——即系統工程師所稱的「抑制性波動」（constrained volatility）——且持續惡化中。而這種抑制性波動到了某個點就會爆發。

艾瑞克：那麼，為什麼系統沒有再度當機？軟體中的某些臭蟲已被矯正。從最標準的風險衡量來看，銀行系統已遠為強壯。此外，政策制訂者已被金融危機嚇壞，讓他們高度警戒，唯恐再犯同樣的錯。光是這些因素就能解釋極為穩定的全球成長率。但我感覺還有一個問題，而那與道德憤怒有關。

危機凸顯出的不正義，和重新評估過去三十年的開放監管，無法靠保持現狀來緩和。資本主義三．〇版獲得紓困，但沒有重開機、沒有重新啟動系統，也沒有設法移除軟體中的臭蟲，反而製造了另一波更深的憤怒。這股憤怒正逐漸沸騰、蓄勢待發，而且它是根深柢固的系統性問題，它將與我們同在。

民粹主義是當機後沒有重新設定、組合系統的結果。不管那是讓美國政治極化、德國政治民粹化，或英國政治中對英國脫歐的憤怒，系統應該、卻沒有重開機。由於沒有做根本改變的系統變成絕大多數人口的壓力源，我們已為另一回合變革性的憤怒經濟學創造了條件。

我們不應該感到意外。正如我們在本篇對話中的討論，總體的系統當機總是製造出公眾憤怒。這種憤怒可能是可以解決的正當憤怒，也可能是可以武器化的部落能量。我們正處在這種時刻。但這只是其中一半，另一半是憤怒經濟學的個體層面。

對話4

個體憤怒經濟學

Microangrynomics:
Private Stressors, Uncertainty And Risk

私人壓力源、不確定性和風險

「任何從憤怒出發的事，將以羞恥結束。」
——美國開國元勳，班傑明．富蘭克林（Benjamin Franklin）

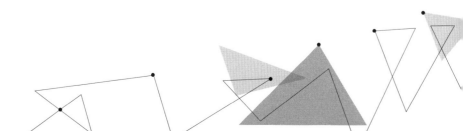

不合時宜的女人

法蘭西絲卡·沙爾沃（Francesca Salvo）是住在倫敦的一位七十八歲退休學者，她父母在一九五〇年代從義大利移民到倫敦。父親是餐廳服務員，母親是清潔工，他們最後存到足夠的錢在北倫敦開了一家義大利餐廳。法蘭西絲卡是三個孩子中最聰明的一個，她擅長數學，並在一九七〇年代末獲得倫敦帝國學院的電腦科學學位。她嫁給同行學者英國人伊凡（Evan），伊凡五十歲死於肺癌，法蘭西絲卡一直未能從傷痛中完全復原。她未再結識任何男人，兩個小孩和工作變成她生活的重心。

法蘭西絲卡十五年前正式退休，但繼續做研究和教導一些研究生課程。有了更多自由的時間，她決定在佛羅倫斯買一棟公寓，靠近她出生和人生頭九年時間居住的地方。她仍然與老家的親戚有來往，她喜歡回佛羅倫斯，並熱愛藝術和紅酒。她的兒女會經常來探望，她會帶他們參觀烏菲茲（Uffizi）美術館和佛羅倫斯諸聖教堂的壁畫。當他們也有自己的小孩時，她仍鼓勵他們到佛羅倫斯和她一起同住，那裡有足夠的房間。她會帶她的孫兒女在波波里（Boboli）花園散步。

隨著法蘭西絲卡年事漸長，她前往佛羅倫斯的行程變得越來越吃力。過去她每兩個月去一次，後來變成一年去兩、三次。旅行很累人，機場排隊的人龍似乎變長了。也許是因為移民，太多人了。她不了解安檢為什麼這麼麻煩。她會忘記拿出她的香水，雖然有時候它沒被發現而通過檢查。她兒子不斷告訴她少帶行李，但她不了解。你不能把什麼東西都裝進手機裡。她需要降血壓和膽固醇的藥，還有糖尿病的藥。醫生吩咐她吃雙倍劑量的維他命D和C以加強免疫系統，而她在義大利一直找不到正確的維他命。

她也發現佛羅倫斯的樣貌不斷改變令她感到生氣。她在公寓附近街角的食品店購買牛奶和雞蛋、新鮮蒜香醬和乳酪，但有一年她回去時，發現那家店關閉了，年老的店主已經退休。麵包店也已歇業，嘈雜的酒吧和更小的餐廳似乎在每個地方冒出來，似乎有許多羅馬尼亞人和其他東歐人在店鋪裡工作。現在她必須走路二十分鐘去買民生用品。

當法蘭西絲卡被診斷罹患癌症時，她不願意坦白告訴子女，但她心裡感到如釋重負。這個世界改變太大了。

艾瑞克：在上一篇對話中，我們說明憤怒經濟學發生在每一次全球經濟出現重大當機之際，這是一個與我們所說的公眾憤怒有關的總體現象。總體的當機釋放出公眾憤怒。像二〇〇八年金融危機這類總體當機經過打補釘後，有可能消弭那股憤怒，但除非正當公眾憤怒的根源被解決，否則仍然會有系統不穩定和被部落意識劫持的風險，而這正是我們現在看到的現象。

現在讓我們轉向私人憤怒和憤怒經濟學。之前我們為私人和公眾憤怒做了區別，私人憤怒告訴我們個人所面對的內在壓力，我們私人生活中的憤怒顯示出我們內在的掙扎——我們尋求諮詢和協助。我們被鼓勵冷靜下來，並解決憤怒的根本原因。在公共領域中，道德憤怒是我們要保衛的——我們幾乎感到自豪的東西。公眾憤怒尋求公共錯誤的解決方案。私人憤怒的對象——我們的家庭、朋友、工作同事——很少是根本原因，私人憤怒似乎是一個始於壓力的連續體的結束。在這篇對話中，我們嘗試了解什麼原因導致壓力升高，以及導致憤怒經濟學的經濟原因如何呈現在私人的生活經驗上。

我從心理學借用的一個概念對了解認知努力的概念很有幫助。不像教科書上教導的理性經濟人在每個情況都計算最好的作法是什麼，真實的人對必須思考感到負擔沉重，尤其是對不感興趣和沒有獎賞的思考，這是我們養成習慣的原因之一。我們對我們運作的環境逐漸習慣，並因為熟悉而讓我們不用思考就能做很多事。這適用於我們日常生活的所有層面，我們把家裡的東西都放在適當的地方，以方便我們找到；我們學習開車，並讓它變成第二天性；我們逐漸習慣我們的工作環境；我們求學並接受訓練，以便擁有可以經常輕鬆上手的技能。大部分我們平常做的事是已養成習慣、透過學習而來的行為。

好，以這種方式制約的行為其根本假設是我們的環境不會改變。如果我們的世界改變，我們習慣性的行為可能失敗，我的技能和背景知識將變成過時。為什麼當環境變得不像我們習慣的樣子時，我們的壓力會升高？當我們不能從本地的銀行領錢，而必須向協助專線的人解釋一切時會如何？為什麼我們厭惡我們的僱主決定改變辦公室的布置，或要我們接受再訓練？

我們不喜歡環境中的改變。或者說，改變需要認知努力，而認知努力可能充滿壓力。即使就思考本身來說，一旦我們已經形成一套共同信念的框架——宗教的、政治的、科學的，或經驗的——我們可能在這套框架遭到事實、事件或思想的挑戰時感到壓力，這就是社群媒體影響力如此強大、通常具有侵略性，和自我隔離如此普遍的部分原因。

無疑的，這些壓力源的衝擊因為人的年齡而不同。嬰兒和幼兒剛與世界接觸，他們可以很快學習並適應。給他們一支手機，他們會開始實驗——包括砸壞它。年齡較大的人受到已學習的行為束縛較深，老年人對固定環境改變的反應往往不同於年輕人。

在本篇對話中，我希望專注在個體層面的經濟和政治改變與挑戰，增加了我們日常生活的不確定性。許多這些改變可能有整體的利益，即一旦我們習慣它們，它們可能改變我們的生活，但持續的不確定性和轉變，可能是個人壓力的重要原因。簡單地說，我希望討論由科技和人口結構驅動的經濟和政治改變，如何塑造憤怒經濟學的個體層面。

馬克：我想基本上我們的焦慮和壓力背後有三個主要原因：我們的生活發生不好的事——從像汽車故障這類小事，到疾病和失業等大事；不知道我們的生活中正在發生什麼事，特別是有關未來的不確定性；以及我們環境中意料之外的改變。顯然這三個因素彼此相關。我們環境的快速改變製造越來越多的不確定性，並讓可能傷害我們的結果變多。另一個結果是，我們可能必須做更多的認知努力。

為了幫助我們了解憤怒經濟學的「個體面」，我想先討論當我們談到「風險」和「不確定性」時指的是什麼，然後看看有哪些經濟力量造成我們環境的快速變遷，以及升高我們生活的不確定性——其中有些不確定性可以出乎人們的意料。

經濟學家已劫持了「風險」和「不確定性」等名詞，把風險定義為可衡量的——你可以給它一個數字，一個機率——並因此宣稱不可知的不確定性不值得談論。這可能讓設計經濟模型變得可能，但這麼做卻違背我們通常所指的「風險」是某件事出差錯的危險。而我們生活中的重大事情何時會出差錯或如何出差錯，通常是不可知的。喪失親人、疾病和意外事故，是我們所有人生活中壓力最大的事件，很少人有能力預測它們何時會發生。它們極其不確定，而不能以機率來表示。

以醫療為例，一個病患年齡為Y、體重為T，其膽固醇指數為X，換算心臟病突發的機率為N百分率。如果N夠高，她將拿到降血脂藥的處方。醫護人員通常以可衡量的機率來表示它，但實際上還有許多干擾因子——例如我們的睡眠多久、飲酒多寡、我們的所得級距——所以需要做很複雜的考量。

我們喜歡計算和使用百分率，因為它們給我們掌控的感覺——我們給結果一個機率，然後據以行動。但我們根本無法確定這位服用降血脂藥的女士能否帶著高膽固醇活到老年，或者她下個禮拜會被一個酗酒的駕駛人撞死。正如凱因斯曾嘲笑這種機率說：「對這類事情沒有科學根據可以得出任何可計算的機率，我們就是無法知道。」而這讓我們非常惱怒。

一個可衡量機率的世界意味著一個可自由選擇的世界，這是一個令人寬慰的版本。但除了在賭場以外，很難看到這種規則適用在我們實際居住的世界上。我們做的大部分選擇——買房子或租屋、選擇一所大學或學習的課程、投資在哪些技能——都不是真正的計算。我們的選擇取決於我們生在一個特定的家庭，我們選擇的原因是偶然和品味，沒有一組前例可以讓我們能推理出成功或失敗的可能性，也沒有一具穩定的結果製造機可以製造出我們能觀察和取樣的世界。

技能是另一個例子。在今日的美國，許多上層階級家庭讓他們的子女學習中文，同時送他們進電腦程式學習營，這從世界的潮流來看似乎很合理。但我們也有很強烈的直覺，認為許多今日存在的工作如電腦程式設計，是最可能被人工智慧自動化的工作之一。同樣的，「學習中文」選項的根據似乎是到了孩子長大時中國將稱霸世界經濟的概念。然而同樣可能的是——換句話說，我們無法以機率來估算比較結果——中國的經濟可能崩潰而終結這種可能性。因此許多父母是在為子女的未來押上十五年的賭注——並減少他們暑假的樂趣——實際上這些父母並沒有辦法估算成功的機率。

我們所有人面對的普遍問題是，我們很難控制人生中的重大事情會不會出差錯，而它們通常是讓我們憂慮和帶給我們壓力的事情。我們厭惡這種不確定性並嘗試讓它們減到最少。保險業的營運就是根據這種降低風險的假設——保護我們的親人免於生活中的損失，保護我們免於疾病、自然災害、盜竊和財產損壞的損失。

儲蓄發揮類似的功能，錢是未來世界狀況的避險工具。更廣泛地說，猶太教成人禮（Bar mitzvahs）、初次聖餐（first communions）、結婚儀式、布萊克—休斯（Black-Scholes）選擇權定價公式，以及部落認同意識，都扮演同樣的功能：降低我們世界裡的不確定性，以使事件不讓我們感到意外。從這點來看，我們在之前對話中討論的不只是一個經濟故事，它也與我們建立機制以降低不確定性的個體層面故事有關。而同樣有關的是，當這些機制失靈時，我們感受的不確定性將急遽升高，使我們的所謂「家庭經濟學」（home-economics）變成另一個憤怒經濟學的來源。

艾瑞克：那麼讓我們補充一下對話3以總體面為主的討論，加上個體面以檢視更持久存在的不確定性和不安全的個體因素，它們不只激起憤怒，還製造讓憤怒升高的先決條件。雖然我們可以辨識許多罪魁禍首——從「零工經濟」（gig economy）的成長到工作的性質越來越不穩定——我們特別要討論的是四個與憤怒經濟學緊密相關的因素。

第一個是過去三十年來，在產品市場或我們經濟的不同部門發生的巨大改變，包括消費者零售業、科技業、金融服務業和製造業。開放監管和快速技術變遷導致更激烈的競爭，進而造成壓力更大的工作環境。如果企業不斷改變或面對競爭的威脅，工作就變得不安全，技能也可能很快變得落伍。資本主義二・〇版視為常態的安穩職涯道路已不復存在。

第二個是即將出現的壓力源——備受吹捧的第四次工業革命，根據部分專家預測，將有高達六〇%的工作會被自動化，我們今日所知的許多工作將消失。在過去，技術創新被樂觀地描繪成將大幅提高生活水準，今日主流的觀點似乎充滿恐懼和反烏托邦的預期。

第三個微觀壓力源是，已開發國家人口逐漸老化的事實，將對經濟體如何運作和老年人帶給年輕人的壓力產生短期和長期的影響。最後一個——真實的或想像的——壓力源是外來移民，一個已經被已開發世界的媒體和部分政治階級用來煽動部落憤怒的話題。除了投機的選舉技倆和販賣恐懼以製造虛構的敵人外，我們應該嘗試進一步了解為什麼它會變成一個大問題，以及時間點為什麼是現在。

雖然所有這些個體層面的壓力源都很重要，但它們重要的理由可能和一般人認為的不同，而且它們集體地製造了一層幾近永久的不確定性，成為我們日常生活中憤怒經濟學的製造源，與我們已分析的公眾領域的憤怒並列。

馬克：讓我們從第一個理由開始：產品市場的競爭和改變。這是你和我在許多談話中提出的，而它並沒有得到重視。事實上是資本面對了更大的威脅和新形式的不安全，而它們轉化成我們工作生活中的壓力。

艾瑞克：是的，我們通常不會認為產品市場的改變是我們生活不安全的原因，但企業部門面對大幅升高的競爭壓力，已放大了你前面提到的勞動市場去監管和去工會化原本就已很強烈的效應。我們都知道，一九七〇年代以來勞動市場改革導致就業不安全性升高，特別是在盎格魯撒克遜經濟體下。但公司本身也經歷加速的競爭，並使企業部門承受了類似的壓力。資本和勞工在一些重要的方面都已變得更不安全。

許多關注的焦點被放在二〇〇〇年代崛起的四家壟斷性的大型科技公司——亞馬遜（Amazon）、蘋果、Google 和臉書。但這些公司只佔總就業的相對很小比率，而且其中一家——亞馬遜——對其他企業的價值造成的傷害遠為嚴重，大體上受影響的是消費者的利益。有明顯的證據顯示，特別是從全球通貨膨脹穩定可見，產品市場的競爭總體來看在過去三十年來已經加劇，部分原因是去監管、私有化和打破自然壟斷的技術興起。

其結果是，整體來看企業比較可能變成價格接受者，而非價格制訂者，也就是說，它們接受市場給的價格。電信業是一個顯著的例子。今日的行動電話服務供應商接受供給和需求所決定的價格，而這與種植穀物的農戶到市場以市場價格出售穀物沒有兩樣。如果成本上漲，它將傷害利潤；個別公司如果提高價格，顧客將光顧其他供應商。對照之下，在一九七〇年代，像英國電話公司（British Telecom）或美國電話電報公司（AT&T）等全國性壟斷事業，在成本上漲時會提高價格，因為市場上沒有其他競爭者。

正如我們在之前的對話提到的，科技和監管的改變是導致資本主義二・〇版當機的薪資—價格螺旋被拆解的個體面。你可以從中清楚看出企業間價格競爭的效應——例如，當你分析油價上漲對經濟的影響時。油價和通貨膨脹的相關性在一九七〇年代和一九八〇年代很高。在今日，當油價上漲時，薪資和價格往往紋風不動，甚至可能下跌。這告訴我們今日的產品市場比一九七〇年代更競爭，而這反過來意味著今日的資本對勞動／低薪資壓力源的相關性，比我們在之前的對話中討論的還大。今日有一個資本對資本的面向放大了這種不安全感。

此外，如果我們要確認不平等是導致三・〇版當機的臭蟲之一，而且至今尚未善加處理，那麼我們也必須接受資本之間的不平等呈現出大幅升高的現象——經濟學家所稱的離散。還有科技是這其中很重要的一部分。過去資本擁有的議價力有許多是因為二・〇版中盛行的科技和遊戲規則，允許資本壟斷並給那些公司穩定的價格和可預測的獲利。三・〇版引進的政策改變和科技大幅升高了競爭，在資本擁有者的贏家和輸家間製造出廣泛的報酬離散。

再回頭來看電信業。這種科技和監管改變的結果之一是，我們都享有更低廉的電話費和性能強大有如電腦的數位電話。當我們還是小孩時，打長途電話給親戚朋友是很罕見、特別而且短暫的情況，而現在我們可以免費打Skype。但每當我們從一種科技秩序轉型到另一種時，報酬的離散程度都會增加，誰獲得什麼和獲得多少皆會改變，新的贏家和輸家會出現，而這對資本的影響和對勞工一樣大。

如果你是一九九〇年代的固網電話營運商，並已投資在銅線基礎設施上，那些資本的價值將被轉換成行動技術所摧毀。科技是許多產業的競爭促進者和破壞者，不只是在電信業，而且也逐漸擴及零售業和其他產業。因此，我們看到的所得與財富不平等也發生在資本本身的報酬上。

這與私人憤怒有關，因為在有高度彈性的勞動市場裡，利潤微薄且對價格極其敏感的公司將有強大的誘因不提高薪資，而且它們的生存將有賴於能夠輕易僱用和解僱，這可以部分解釋低薪資成長。隨著越來越多產業受到這些因素影響，許多這些壓力將轉移到勞工。我們從英國的零時工合約（zero-hours contracts）與起、最低工資工作增加，和 Task Rabbit 和 Amazon Mechanical Turk 等平台式僱用——所謂的零工經濟——可以看到這種情況。

馬克：科技創新的特定形式也製造出激烈的價格競爭。今日的「壟斷企業」——如臉書和 Google ——免費提供它們的產品（社群媒體和線上搜尋），同時在廣告市場引發激烈的競爭。同樣的，亞馬遜透過規模經濟已摧毀傳統零售業者的許多資本價值；在此同時，社群媒體公司和網際網路也已重創傳統媒體業的資本價值。私人財富所有權分布不平等的證據，已反映在資本贏家和輸家的離散之上。

認識這些力量改變了我們對勞動市場變遷的一般解釋，並讓我們洞察在最後這次當機前就已升高的不安全感。雖然三．〇版建立了所得流向資本而非勞工的趨勢，再加上金融槓桿升高使情況進一步加劇，但整體資本本身發生的巨大所得離散，對勞動也帶來強大的二階效應。快速創新、規模經濟和競爭市場確實壓抑了分布的一端，但它們也在另一端製造了大贏家。

發生在資本的情況，也發生在勞工。這些發展在運動界明顯可見，頂尖的球隊和球星拿走大部分的戰利品。以目前已在全球風行的英國足球為例，今日曼徹斯特聯隊（Manchester United）的球迷有數百萬人，他們可以付錢觀賞他們的球隊踢球（或透過串流轉播觀賞——更多科技破壞），相較於一九四〇年代和一九五〇年代只有七萬名球迷可以看他們的球隊踢球——老特拉福德（Old Trafford）球場的容量。今日沒有這種限制。在這種環境下，曼徹斯特聯隊現在的獲利豐碩。但只有少數球隊能如此。英國足球的四個最大的聯賽有九十二支球隊，但只能容得下少數像曼徹斯特聯隊的球隊。其結果是少數真正的贏家，佔據準壟斷的地位，其餘的球隊則構成很長的尾部，分享一小部分的獲利。如果你把它當成所有其他產業情況的模式，就能看到大多數人都屬於那個低報酬的長尾。

艾瑞克：所以明顯可見的是，我們工作生活中的不確定性和不安全感升高了，並讓我們感到驚慌和壓力沉重。去工會化和勞動市場去監管的根本原因，被產品市場的競爭壓力和科技變遷所強化。被廣泛報導的「零工經濟」是否也有關係？

馬克：是，有關係，但看數據就會發現這種說法實際上要更複雜些。美國勞動市場的數字顯示，被廣泛討論的低端勞動市場「優步化」（Uberization）實際上並沒有發生，至少不是以我們預期的方式和結果。二〇一七年以「臨時」工被僱用的人實際上比一九九五年少。的確，以就業的標準定義來說，九六％的勞動市場並沒有優步化。此外，如果你是那四％之一，你賺的錢可能比九六％中可比較的工作來得好。但此處的問題一部分是來自定義上的差別，美國勞工統計局計算的「臨時性」員工只包括以臨時工作為主要收入來源的人，但有許多人藉由加入零工經濟來補充他們在其他行業停滯的薪資。所以這個數字重新計算後達到約一〇％或更高些，但實際情況是大多數勞工沒有加入臨時僱用。那麼，我們該如何了解勞工自己報告的工作不安全的感覺？

回顧一下英國脫歐運動的情況可能有助於我們了解，我們發現不安全的更深層因素可能比零工經濟來得重要。在英國脫歐運動期間「留歐」支持者訪問英格蘭東北部的新堡，以辯論英國離開歐盟的影響。訪問期間一位留歐派發言人告訴他的聽眾，如果脫歐派獲勝，GDP將下跌。演講廳後排有人回答：「你們的GDP，不是我們的！」講台上的人聽了一臉困惑。畢竟，GDP是整體經濟的表現，是無法分割的。

但那位勞工想表達的是我們在這篇對話想表達的東西。日產（Nissan）的獲利和銷售都增加，但員工的薪資沒有增加。每次簽訂的勞資合約都削減員工福利、縮減休息時間、延長輪班工時。管理階層不斷告訴員工，除非達成目標，否則工廠將被迫關門，把生產線遷移到法國。然後他們告訴法國廠的員工同樣的話，不同的是他們的工作將被遷移到羅馬尼亞。在這種情況下，GDP也許在增加，但其中只有一部分由創造它的工人分享，而大部分則歸於不住在桑德蘭（Sunderland）、也不為日產公司工作的股東。所以，為什麼不投票反對造成這一切的系統？

全球化、科技變遷、獲利擠壓、企業面對激烈競爭時把員工改為合約工，以及競爭日益激烈，都讓勞工感受的不確定性升高，即使是在薪資不錯和應該安全的工作亦是如此。你不一定要是工作受威脅的人才會感到工作不安全，而且當不安全的感覺變成一種永久狀態時，那是一個巨大的不安全感製造源。

艾瑞克：所以，科技加上去監管變成所有人的壓力源。加劇的競爭、更「有彈性」的工作合約、薪資不斷下降的壓力，成了許多人面對的常數而非變數。但科技在近幾年來也以更不尋常的方式變成嚴重的壓力源，這是說，科技在未來將影響我們的說法已變成現在就已經在影響我們的事實。下面是我的解說。

記得我們談到風險和不確定性嗎？當有關世界未來會是什麼情況的想法變成主流時，往往就是這些想法能在未來實現的重要原因。想想比特幣（Bitcoin）的例子，它既不能儲存價值，也不是交易的單位或會計的單位，所以它不是貨幣。但因為人們認為它將是未來的貨幣，所以有許多人因為交易它而贏錢或虧損。我想說的是，我們對新興科技的想法具有這種特性，而過去十年來這種特性為我們的生活增添了一層不確定性。

憂慮科技將取代工作的歷史就如同資本主義本身這麼悠久，但即使有這些憂慮，從十七世紀初的盧德（Ned Ludd）追隨者（初始的「盧德主義者」）破壞織布機以保護織布工人的工作，到今日麻省理工學院的「與機器賽跑」（Race Against the Machine）研討會，每一次發生重大的科技轉變，它對勞工的要求總是增加而非減少。雖然新盧德主義者把焦點放在人工智慧和機器學習對未來的影響，並堅稱「這一次不一樣」，實際上現在仍只有極少的證據指向這種結果。的確，我們迄今有的具體證據顯示，自動化不但能增加就業，而且我們絕對需要數位自動化在未來二十到三十年將帶來的生產力成長，因為我們的社會正在老化，否則我們將變得比現在更貧窮和更憤怒。

馬克：有一些例子或許可以說明經歷二〇一〇年代的人感受的這種緊張。在全球金融危機從二〇一〇年開始在歐洲各國肆虐時，世界各國媒體突然充滿幾乎所有勞工很快就會被機器人取代的報導。不管是出以自動駕駛汽車和卡車、無人機運送物品、電腦分析財務和法律資料、區塊鏈和比特幣的形式，我們不斷地聽到說每個人都無法倖免。為什麼？因為這一次不一樣——因為人工智慧和機器學習的結合能做人類無法做到的事，而且這類機器做任何事都能越做越好和越快，我們將無法趕上，因此我們在這場「與機器賽跑」一定會落敗。

那麼我們在這場比賽的表現如何？我們需要數字，而他們也提供了數字。牛津大學的早期研究估計，幾乎所有美國工作的半數將在十年內自動化，英格蘭銀行後來把這個數字降到三分之一，然後經濟合作發展組織再降到九%，因為事實逐漸明朗化。[24]隨著狂熱氣氛平靜下來，一些情況也開始水落石出。

第一是，幾乎所有這些科技都不存在，或尚未大規模應用。自動駕駛汽車和卡車可能是這些科技中發展最成熟的，但它們只存在於實驗計畫，並且仍需克服許多法律和實務上的障礙。想想下列的問題：你如何事先寫一道電腦程式，告訴自動駕駛汽車「永遠只碰撞乘客較少的汽車」以使損失最小化，並且避免被乘客較少汽車的家人控告？儘管如此，舉例來說，過去十年來不斷被宣傳的「所有卡車駕駛的工作都將步上燃氣打火機（gas-lighter）的後塵」，部分原因是美國的卡車業在二〇一七年時大約短缺了十萬名駕駛，而且車隊營運已達到一〇〇%的運能。畢竟，如果工作將在明天消失，為什麼現在要投資在經營執照上呢？正如凱因斯所說，今日的蕭條預期將降低對明日的投資。

第二，雖然所有工作都可以一部分自動化，但不見得工作的所有部分都可以分解。想想今日美國成長最快的工作類別（以工作的數量來看）是老年照顧護理師／家庭幫傭／助理護理師。雖然有許多日本公司投入開發，但還沒有照顧老奶奶的機器人問世——大多數人也不想要這種機器人。正如我們已討論過，一項科技存在並不保證它能成功。需求驅動供給。科技鼓吹者和新盧德主義者卻不這麼想。

第三，雖然人工智慧和機器學習是真實的且兩者不同，正如我們從亞馬遜的 Alexa 和 Google 的 AlphaGo 引擎等產品的成功可見——但它們的大規模應用仍有遙遠的距離，它們與勞工或薪資的零和關係也尚難論斷。舉人工智慧和電網優化（power grid optimization）為例，一套監看和優化電流通過的碳智慧電網可以節省大量能源，降低所有企業和家庭的成本，並對氣候變遷有益。至少這些節省有一部分會呈現在價格較低廉的產品和對新產品與服務的需求之上，這些好處不是全靠機器人可以辦到的。

因此，我們真正應該關心的是機器人製造商的報酬。換句話說，我們不希望關鍵科技所有權製造一小群億萬富豪投資人階級，他們可以賺取壟斷性的獲利，而其他人只能喝稀飯。雖然這種結果可能發生，但國家、選舉和民主制度的存在可以限制這種財富的累積。即使如此，我們有什麼證據證明機器人能增進生產力，並進而增進就業？讓我告訴你一個我親身經歷的例子。

羅德島州有一家叫丹尼爾公司的帕爾瑪火腿公司，它在十年前僱用約二百人。當兒子們接手父親的事業後，他們檢討製造帕爾瑪火腿的過程，並決定提高它的效率。他們決定蓋一座新的大工廠，並儘可能引進更多機器人。這麼做導致他們裁掉了二〇%員工，因為有許多搬運火腿的員工變成冗員。十年後，這家公司僱用的員工超過八百人，並準備再蓋一座新工廠。

機器人取代了那些造成慢性背部傷害和殘疾的勞動類型。公司的利潤增加，因為成本下降和產能提升，賣到更多市場，能製造不同的產品。機器人可能造成四十個人失去工作，但也因此能多僱用六百個新員工；另一方面，有更多人吃帕爾瑪火腿。除非你是豬，否則你很難說這裡的機器人是壞人。的確，生產力提升是我們在人口變遷的同時保持富裕所需要的。

綜上所述，截至目前雖然科技可能因為升高了競爭而變成一項個體壓力源，但我們還不能論斷這些新興科技會不會加劇我們現在已經承受的沉重壓力。機器人和相關技術未來可能對薪資帶來更大的下跌壓力，但我們不應該把已經造成的影響怪罪在今日還不存在的東西之上。但奇怪的是，我們正在這麼做。

在大銀行造成的內爆和後續幾年的衰退中，世界各地的新聞報導告訴勞工（特別是半技術工人），他們未來的工作已經難保。[25]在不平等、不公平和「系統被操縱」已變成熱門政治議題的時候，那批獲得紓困的人似乎又要開始發最大的一筆財——藉由以機器人取代那些沒有獲得救援的人來永遠剝奪他們。

這個巧合的悲劇不只是它如何升高個人的不確定性和憤怒，而且是它如何連結我們想討論的其他壓力源，也就是老齡化和外來移民。隨著世界人口老化和外來移民的爭議升高，除非你能擁抱科技變遷和提高生產力，否則你絕對會感受到更大的壓力。

艾瑞克：這就是憤怒經濟學、科技和老齡化在一個特定的世代政治中匯聚的地方。在二〇一六年底，美國國會通過由當時即將卸任的副總統拜登要求的法律——拜登因為罹患腦癌的兒子過世而號召「抗癌登月計畫」（Cancer Moonshot）。國會撥款六十二億美元資助研究，以便讓藥品更快上市。這的確是很棒的計畫，問題是國會也有一項法律規定，如果要花更多公帑而且不準備加稅以籌措這筆錢，就必須從既有的預算撥款。他們要從哪裡撥款？主要是從預防保健計畫。現在，問你自己以下的問題：誰會罹患癌症？通常不是像拜登兒子那樣健康、三十五或四十五歲的人，而是老年人。而誰從預防保健獲益？基本上是年輕人。這是一個跨世代轉移，只不過我們看不懂它的真相。

馬克：我們看到在希臘的類似例子。在大約拜登提出「登月計畫」的同時，希臘的左派政府正與債權人陷於領退休年金者的「十三月」（13th month）支付爭議。由於希臘已遭到思慮不周的緊縮計畫重創，GDP萎縮四分之一，部分人的退休年金減少三〇%，所以不難理解領年金者會抗拒這類的削減。希臘的這種情況也在世界其他國家發生：年金領受者投票的意願是年輕人的兩倍，所以政治人物對他們付出不成比例的高度關注。回顧一九五〇年時，一二．五%的歐洲人口達到領年金的年齡；今日的比率則是二五%。因此，現在的投票者可能有半數是年金領受者。好，猜猜希臘社會的那個族群貧窮率最低？年金領受者。沒錯，雖然年金遭削減，希臘年輕失業者的貧窮比率是年金領受者的四到五倍。希臘可以選擇分配給年輕人，但它選擇保護老年人。同樣的，這是跨世代轉移。

艾瑞克：我要再舉一個例子。英國的國家健康服務（NHS）是成本高昂的鎮國之寶，隨著英國社會逐漸老化，它的成本還會越來越高。但在另一個似乎完全不同的領域上，英國政府在金融危機後悄悄地私有化英國的高等教育系統，開始實施一年約九千英鎊的學費。那麼，如果國家不再補貼高等教育，省下的錢都流往何處？它們流向國家健康服務。那麼，是誰在消費醫療資源？是年輕人，還是老年人？

馬克：在所有這些例子我們看到一種悄悄發生、但意義重大的跨世代轉移，而它們之所以重要不只是因為老年人支配了所有富裕國家的政治，也許更重要的是老年人擁有最多的資產。美國的數據透露出一個有關這方面的事實，八〇%的所有金融資產由「嬰兒潮世代」（出生於一九四五到一九六四年間）擁有。但同樣真實的是，有一半的嬰兒潮世代沒有退休資產，且只有二二%的美國私人退休帳戶裡頭有現金，或有能賺取現金的資產如股票，這些事實都告訴我們嬰兒潮世代這個群體內也存在驚人的不平等。這種不平等顯示在他們擁有的八〇%總金融資產中，有八〇%（佔總金融資產的六四%）是由二〇%的嬰兒潮世代擁有。[26] 這些人為什麼這麼有錢？

美國聯準會的研究解釋了何以一些嬰兒潮世代能賺到這麼多錢。第一，他們從上一輩的人繼承了龐大的資本遺產。嬰兒潮世代的父母輩——所謂的「偉大世代」（Greatest Generation）——支付很高的稅率並在二次大戰後大量投資於基礎設施和教育，讓他們的嬰兒潮世代子女免費享受。然後嬰兒潮世代本身則生育較少子女。

如果經濟成長主要取決於科技和人口組成——勞工的人數乘以工作時數，加上他們工作的資本金額——那麼嬰兒潮世代正好來到一個很難不快速成長的甜蜜點。但因為嬰兒潮世代生育較少小孩，在他們累積越來越多資產的同時，人口成長的部分速度減緩。因此，資本形成率（投資的核心決定因素之一）隨著扶養比（勞工對退休者的比率）的長期改變而下降，進而拖累了未來的經濟成長，但那些「頂層二〇％」的嬰兒潮世代已累積的大量資產仍持續複利增加。

艾瑞克：這就是為什麼——或者可以部分解釋——經濟學家皮凱提認為跨世代不平等是我們未來少不了的一部分，除非我們選擇採取一些對策。皮凱提的書《二十一世紀資本論》以把不平等重新納入嚴肅的政治議程著稱，但書中關於經濟成長部分的論述，並不下於不平等，皮凱提思考經濟成長的框架，讓我們得以看到這些對老齡化的觀察的長期影響。

幾乎所有想解釋成長的經濟學，都從所謂的梭羅成長模型（Solow growth model）開始，描述產出是勞工人數乘以資本金額，加上可得技術的函數。由於資本折舊（東西損耗而必須更換）和人口成長在短期內不變，所以科技變遷是我們從一個狀態移動到另一個狀態的關鍵——而這種「移動」就是成長。不過科技是「外生的」，亦即它是模型之外的東西。

皮凱提修改了這個模型，讓它更能解釋我們今日的情況。他不把科技當成外生的，而是短期固定的東西——你智慧型手機上的另一個應用程式不是真正的科技轉變。反而被他當成變數的是人口，特別是人口組成和老齡化。當你這麼做時，實際上是在問下述的問題：一個老年人為主的經濟——他們工作的時間將越來越短，但擁有大多數可投資資產——會如何運行？

憑藉人類生命周期建立的標準消費模型假設你年輕時不擁有資產，所以你會借貸。到了中年後，你同時累積資產和降低債務。到了循環的稍晚時期，你只有很少或沒有債務，而有更多資產，直到你退休時花用那些資產來消費。但這只描述了現實的一小部分，因為有出乎意料和有害的附帶效應。

首先，正如聯準會的研究指出，一個老年人的經濟成長將逐漸放緩。美國的人口相對仍很年輕，但義大利和日本的平均年齡為四十七歲。一個較老的人口不太可能有高消費成長率；而沒有高消費成長率，你便無法指望經濟體能有多少成長。

其次，如果資產高度集中在老年世代，那麼皮凱提所說的「世襲資本主義」將興起，使問題更加嚴重。如果頂層二〇％的嬰兒潮世代擁有大部分資產，他們可以花很多錢在退休生活和臨終照顧，而且仍有龐大遺產留給子女，這是不勞而獲的所得，並升高了結構性的不平等。總之，老齡化讓不平等得以跨越世代，並且讓整體經濟成長減緩。

馬克：了解這些後，現在想想在美國、希臘和英國因為政策造成的這些跨世代轉移，你將發現這個世界的負債逐漸分布在年輕人身上，而資產則不成比例地分布在老年人身上，而除非他們富裕到可以把資產留給子女，生命周期模型和跨世代資產的形成將完全崩解。而由於政治人物主要迎合金錢和五十五歲以上的選票，你就知道這個趨勢將會繼續下去。

然後是我們的第三個壓力源，排在報酬不平等和科技破壞之後——老齡化對資本主義經濟的影響。一個年輕人承擔所有負債和一小部分老年人擁有所有資產的經濟，是一個壓力沉重的經濟。除非你出生就很幸運，否則你在生命周期中形成資產的能力將大幅削弱，你繳納的稅將被用來支付不屬於頂層二〇%所得分布的老年人。我們已經從無數方面看到這一點。在美國，嬰兒潮世代上大學基本上是免費的，但美國的千禧世代背負一兆七千億美元的學生貸款。川普減稅一兆五千億美元主要分配給——猜猜看——富人，其中絕大部分是老年人。

如果你是年輕人且正在償還學生貸款，你就沒有能力為房屋抵押貸款儲蓄，這就是千禧世代延遲買房子和大手筆購物的原因。由於薪資停滯、高債務、競爭激烈，和不斷有人說未來他們將被科技取代，加上嬰兒潮世代年齡的政治人物不願意投入因應氣候變遷，所以年輕人特別對傳統政黨和體制不滿意也就不足為奇了。老年人不是故意給年輕人壓力，而且八〇％的美國嬰兒潮世代可能和許多千禧世代一樣窮。但從結構上來看，老齡化加上低成長，再加上低薪資、加上債務，導致經濟體壓力沉重。有人疾呼要揪出罪魁禍首，於是目標慢慢地開始轉向外來移民。所以，讓我們談談外來移民。

艾瑞克：我們在有關部落憤怒的討論裡已經看到，為了要觸發人類本能，利用虛構的「認同」以形成群體或部落有多容易，而且這種本能可以輕易地轉變成憤怒，然後變成暴力。我深信外來移民主要是一個被媒體和政治階層挾持以牟取利益的議題。告訴我還會有其他解釋嗎？

馬克：我想舉兩個例子——外來移民如何變成英國脫歐公投的焦點，和德國對敘利亞難民的反應——以說明這個問題。然後我想表達一種看法，即外來移民在不同所得分布者的主觀經驗有什麼不同，以及把這些見解總結起來以指出，外來移民既是憤怒經濟學部落版的政治避雷針，也是我們想消除世界的憤怒所必須解決的正當問題。

對我來說，「英國脫歐公投與經濟學無關」的說法根據的事實是，特定選民的所得水準與想投票脫歐的意願沒有一比一的相關性。這種說法大致上是事實，但畢竟只是部分事實。投票脫歐與低技能水準有相關性，因為技能水準可以代表所得水準，以及每小時薪資、人口密度（城市比鄉鎮富裕）、進口產品的競爭，和一連串其他經濟不利因素。

更深入分析英國脫歐可以發現，真正重要的是一個變數改變的比率，而非它的絕對值。英國脫歐投票告訴我們，所得的絕對水準的確不重要，重要的是所得的長期改變。如果一個地區呈現持續一段時間的所得或房價相對下降的轉變，同時發生移民人數增加，這個地區——特別是如果它在鄉下——就很可能投票給脫歐。[27]

所以經濟學和外來移民無法分開。如果你認為你的環境正逐漸惡化，同時外來移民逐漸湧進，這種相關性——房價下跌、外國人增加——幾乎不可避免地會變成一種因果關係的敘述，例如「我的生活越來越糟，因為『他們』不斷遷進來」。而如果一個群體（「他們」）的可辨識度越高，就越容易被這麼指稱，也更容易被民粹主義政治人物拿來操作。

此外，像我們這種支持外來移民的人很不情願承認它確實是一個壓力源，而不只是一個部落反應和政治操作的議題。那是因為不同所得分布的人對外來移民的經驗也不同，對它的恐懼也因此不同。

例如，假設我們正好屬於頂層五％所得分布的人。對我們來說，外來移民是一件好事。我們遇見的移民很可能與自己相似，他們可能有高等學歷，或為一家大企業工作，他們的小孩會上和我們小孩一樣的學校。這些外來移民家庭消費的東西和我們的消費沒有兩樣，他們對經濟的貢獻也與我們無異。較低所得、較低教育和較不是世界主義的移民不住在靠近我的地方，他們住不起，而我可以消費他們提供的服務和產品。

再想想某個屬於所得分布底層的人，一個底層一〇％的人，更具體地說住在德國。這個人可能住在公共住宅，過去二十年來他們被告知他們的情況是自己的錯——我們都必須少花錢在福利上。我們沒有錢可以花在他們身上，花在他們的部落。

然後面對敘利亞的一場人道危機，你國家的領導人說「我們可以做點事」，並決定收留超過一百萬人，而媒體則不斷告訴你那些人跟你和你的部落不一樣。於是你發現錢其實很多，但你的部落絕對得不到那些錢——那是給「他們」的——至少你每天聽到媒體這麼說。稀少的公共住宅將被分配給這個新族群，就業訓練、語言訓練、新學校和教師都沒問題，但那不是給你和你的部落的。

對像頂層五%的我們這種人來說，這是小事一樁，而且我不必負擔這種人道主義的成本。我不爭搶公共住宅，或訓練，我也不做可能輕易被別人取代的低薪工作。但對底層一〇%的人來說，他們的要求越來越不被接受，他們越來越把外來移民視為威脅。

這正是二〇一五年德國的情況，當時的總理梅克爾在面對一場在德國邊界發生的人道危機時就說「我們可以做到」（Wirschaffen das），基本上是表示德國應該做。一年多後，梅克爾的政黨在選舉時出現數十年來最差的結果，強烈反對移民的政黨德國另類選擇黨（AfD）也順勢崛起。

從AfD的得票可以明顯看出憤怒經濟學。德國是一個資源豐富的國家，且大體上治理良好，所以能接受一百萬難民的國家只有德國。德國也知道要把難民分配到有能力支持他們的地區，主要是南部和西南部等國內最富裕的部分。

但支持AfD的地方不是那裡，而是德國最貧窮的部分——屬於前東德的東北部——那裡幾乎沒有外來移民。的確，會投票給AfD的人第一個特徵和我們在英國脫歐公投所看到的相同。如果你的情況長期呈現相對惡化，就像德國東部和部分英格蘭農村那樣，你就具備反移民反應的條件。的確，如果你住在幾乎沒有外來移民的前東德地區，而且你是老年人，那麼你幾乎一定會投票給AfD。所以你可以住在沒有外來移民的地方，卻有反移民的反應，因為這種反應的因素之一是媒體散播的高度政治性話語，渲染移民將讓我失去僅有的一切。

在這類社群中，外來移民被視為壓力源，它將傷害原已受到科技變遷、競爭、薪資停滯和老年卻沒有資產影響的人。的確，長期研究外來移民的研究者都知道，外來移民向來不受西方國家大多數人民的歡迎。[28]支持外來移民的族群，往往是不必承擔外來移民負面成本的較富裕者。忽視移民不對稱的利益和成本製造出一種簡化的政治，以種族歧視為由譴責窮人比設法解決他們的貧窮問題容易得多，但如果我們想因應憤怒經濟學，我們就必須嚴肅看待這個壓力源。

艾瑞克：我認為你點出了人們真正的想法，這是必須納入考量的重點，雖然也有人強烈反對這一點。不過我認為我們必須更努力思考為什麼這個議題、在這個時候會引起這麼大的爭議。如果我思考它是如何在英國的政治背景下興起，我認為現在有一股偽善、憤世嫉俗和絕對有害的暗流，它受到政治的操縱，以用來掩飾政治人物真的不願意處理地區經濟發展、低所得和提供公共服務的問題。

我們已經有許多針對移民如何影響經濟的嚴肅實證研究，爭議的重點是外來移民是否對光譜低端的薪資造成不利影響。資料無法提供一致的結論。我猜想不同的情況造就出了不同的結果。例如，來自東歐的農業勞工在英格蘭東部的農場工作，明顯地壓抑了農場上既有勞工的薪資。但現實遠為複雜。廉價勞工湧入促成的農業振興，事實上支持了地區的經濟成長，同時失業率也呈現大幅下降的情況。農業勞工也是讓那些農業小鎮持續繁榮的因素。

在有些例子裡，外來移民最後再造了新就業機會，並進而提高了薪資。英格蘭北部一些地區似乎正確地呈現了這種現實，但在農業區林肯郡的波士頓等城鎮，絕大多數選民投票支持脫歐。這些地區的年金領受者和社會福利領受者中投票脫歐的比率，也比所有脫歐投票者的平均比率高，這與根據經濟利益投票的論點一致。從政策的觀點來看，如果我們想解決低薪資或不平等問題，我們將專注在課稅、提供公共服務，以及確保勞動市場緊俏的總體政策。我不完全相信外來移民是低薪資或不平等背後的原因。

我寧願這麼說：資本主義二・〇版助長的政治認同（左派與右派）和三・〇版的認同（自由世界主義）都是歷史性的獨特事件。二・〇版的認同在轉變到三・

〇版的過程和冷戰結束時，重要性逐漸下降。基本上是自由內容（content-free）的自由世界主義在三．〇版中取代了這種認同，直到支撐它的系統當機為止。然後在菁英和媒體利用日增的不確定性、在部落意識的推波助瀾，以及在政治投機分子的鼓動和放大下興起的民族主義，填補了留下的真空。當機、競爭、科技變遷（真實和想像的），以及老齡化的負面影響，賦予這股潮流聲音，而其中一種形式的聲音轉向了反對外來移民。

馬克：讓我們把所有這些拼湊起來。公眾憤怒有兩個臉孔，第一個是部落能量，是我們形成群體的本能之一，具有動員和潛在暴力的性質，它與我們的恐懼、因應威脅，以及高度零和性的世界觀有關。我們今日目睹的部落憤怒早在近來的全球經濟創傷之前就已存在，雖然它的力量已經加強。

我們也已強調第二個完全不同面向的憤怒，即表達正當聲音的憤怒，它們是應該被傾聽的真正不滿。我們已辨識一系列根本的經濟觸發因素，包括錯誤管理經濟所引發的蕭條（特別是在歐洲）、極端的財富和所得不平等、全球化下民族國家的閹割化，以及貪腐的金融菁英利用危機作為繞越民主程序的機會。

諷刺的是，資本主義三．〇版侵蝕政治認同的效應也是促成這些弊病的原因，並因此揭露它本身深層的經濟瑕疵。無計可施的政治階級正慌忙地推銷舊意識形態和本能，或採用各種古怪的花招，像是英國脫歐。我們已把這些放進過去七十年的歷史背景中做說明，並用上資本主義硬體、概念性的作業系統，以及最終引發系統當機——揭露了國王沒有穿衣服——的比喻。

私人憤怒——本篇對話的主題——是截然不同的類別，但它是我們在對話3討論的總體憤怒經濟學的個體面。對照於公眾領域的道德憤怒，私人憤怒揭露出內在的東西。它不是正當地要求矯正的呼聲，因為挫折感而踢路邊的汽車很少是代表對電動汽車的需求。根本的問題是為什麼我們感到壓力如此重大？特別是，在當表面上似乎「我們從未這麼好過」的此刻。壓力的主要原因是事情出差錯，但也因為不確定性和改變。具體來說就是科技變遷、人口結構改變、去監管和自由化造成的不安全感升高、缺少聲音，以及不平等加劇。

憤怒作為一個研究主題，它跨越公眾和私人，總體和個體，它幫助我們理解表面上混亂和驚駭的政治發展，它也指引我們該傾聽什麼、該包容什麼，以及該採取什麼行動。當然，在真實的世界中，這些因素彼此交互影響，製造出你和我所稱的憤怒經濟學。現在的問題是：我們該如何來降低憤怒？到最後我們將嘗試改寫軟體，那麼我們必須做什麼？

艾瑞克：我們已談過，在過去的年代總是有一套競爭的政策已經準備好等著。在一九三〇年代和一九四〇年代一・〇版失敗後，一套混合經濟的凱因斯學說很快崛起，並能立即採用。在二・〇版當機後，自由市場經濟學家傅利曼（Milton Friedman）和海耶克（Friedrich Hayek）提供一本新軟體手冊給柴契爾和雷根。在今日，相當於左派版傅利曼和勒那（Abba Lerner）的功能性財政（functional finance），在美國被錯誤地稱為現代貨幣理論（modern monetary theory），並已從一種異端意識形態復活。但在實務中似乎沒有一種嚴肅的意識形態，足以在憤怒經濟學中重新啟動系統。

我們認為我們已經出現嚴重的問題，但截至目前沒有明確的「好的，這裡有一套根據新構想制訂的可行政策」，而這種情況強化了退化性部落政治的空間。可以減緩痛苦的中間主義的年代已經遠去，不但讓我們失去了激勵人心的政治認同，而且似乎也讓我們無力想出有效的新構想。現有的構想傾向於回到民族國家，而也許這是有原因的。

想想每次系統當機和重開機，每次系統發生真正嚴重的問題時，寄望扭轉頹勢的對象總是轉向民族國家。二〇一六年夏季當我們在倫敦聚會時，我們看到英國工黨領袖柯賓（Jeremy Corbyn）在英國脫歐運動期間為留歐做軟弱無力的辯護。而執政的保守黨已訂出一系列脫歐後的政治議程，所有準備都為了奪回掌控——我們對抗他們、國家對抗國際的控制。二〇一九年的英國大選進一步展現出這一點，兩大黨的競選承諾環繞在國家控制，雖然各自的內容截然不同（英國脫歐相對於國家所有權）。川普的經濟民族主義是一個資本主義變種，蘇格蘭民族主義是左派的版本，所有這些觀點在某個層次上，似乎都嘗試以一種簡化與安撫性的恢復部落動員，以便在紛亂、複雜和不確定的現況中轉移注意力。所有過錯都是全球化、世界主義或市場導向的。只要我們重回地方的、國家的和可知的世界，即回到作為一個民族的「我們」，一切問題就能解決。所以，我的問題是：我們能不能用民族的「默認設定」來化解憤怒經濟學的驅動力，而不屈從較黑暗的民族主義本能？

馬克：我的直覺和我的分析是「能」，而理由就在於當前世界各國總體經濟政策發生系統當機的核心問題。簡單地說，在把所有政策工具交給央行後，現在它們似乎在說：「我們已經竭盡所能，該你們了。」那麼，為什麼技術官僚體制會發生這種危機？首先，就在他們宣稱達成他們的最大成就時，消除了景氣循環的所謂「大穩定」（Great Moderation）馬車的車輪紛紛脫落，然後我們面對了大蕭條以來最嚴重的衰退。

但過去三到四年來，另一個問題似乎也開始浮上檯面，那就是利率似乎不再管用了，越來越多國家的央行宣告它們已無能為力。雖然整體的治理意識形態一直是「別擔心，利率永遠管用。通貨膨脹不管在哪裡永遠是一種貨幣現象」，但現在的問題似乎是不對稱的。我們可能有時候生活在通貨膨脹的世界，例如一九六〇年代和一九七〇年代的通貨膨脹可以用貨幣供給成長來調和，但是當我們陷於通貨緊縮時，像在日本或歐洲，通貨膨脹降到低於目標水準且持續一段長期間，央行似乎拿不出對策來。看起來截至目前最常用的政策工具——利率——是否管用可能取決於硬體。

艾瑞克：讓我釐清這一點。想想卡列斯基預測二・〇版會發生的危機——通貨膨脹危機。貨幣政策在那套系統的重開機上扮演重要角色。為了消滅通貨膨脹，聯準會、德意志聯邦銀行、英格蘭銀行可以一起積極地提高利率，而只要有政治上的支持，那就可以消滅通貨膨脹。然而諷刺的是，正如一九七〇年代的停滯性通膨在資本主義歷史上相當罕見，在那個時代的末期通貨膨脹大跌時，相對很高的實質利率也很少見。

因此，我們從一九八〇年代中期開始出現很高的實質利率，和很低的債務水準，因為債務在前一個十年已被通膨消蝕。當時中央銀行有強大的貨幣權力可以大幅降低利率，而且那是它們在後續二十年因應每一次衰退的方法。其結果是二十年相當成功的運作。但每一次利率下降時，我們就喪失進一步下降的空間，而且槓桿開始升高。最後利率降到零，甚至小幅度的負利率，然後麻煩來了。

二〇〇八年的金融崩潰和貨幣政策反應，導致這個政策框架下的一場嚴重危機，而我們已發現最終並沒有消滅衰退。悲劇在於我們把所有總體政策的權力交給央行，以利用利率來決定一切事情，然後現在我們說：「不，我們仍然有景氣循環，而且我們為我們的機構和思想框架建立的僅有工具（利率）已不再管用。」我們必須跨越這個治理經濟的框架，而且有很好的理由必須這麼做。

但這種情況有一個好處。卡列斯基悲觀地認為一切都會以階級衝突的通膨夢魘結束，但這似乎不是過去認為的不可避免的命運。現在已開發世界的大部分地方失業率處在四十年來的低點，而且沒有通貨膨脹。在部分地區，例如中歐和東歐，通貨膨脹也證明相對不受高薪資成長影響。

情況發生了新變化，需要重新做一番根本的思考：整體來看我們接近充分就業，而且利率低到如果沒有新工具央行將無能為力。如果你像我們一樣相信預防衰退的重要性，這是一個必須解決的問題。另一方面，我們有兩個問題迫切需要直接、強力且強制性的政策因應措施：氣候變遷和不平等。政治領導中心已經失能，無法解決這些最迫切的問題。

我們必須因應根深柢固的正當憤怒的來源，它們被新自由主義意識形態長期忽視和掩飾，但在危機後的政治情勢中徹底被揭露。我們必須同時解放科技變遷的生產力潛力以因應人口組成和老齡化的挑戰，同時解決財富和所得的極端且貪腐的不平等。我們也必須重新檢視勞動市場——我們能否保留去監管的好處，同時減輕或消除那些壓力源？

我們同意在低利率的世界，央行被認為已無能為力事實上是一個大好的機會，可以制訂一套更有效的貨幣政策，以及更聰明地擴充國家的資產負債表。危機後意料之外的高就業率、低通膨和負實質利率上的成功，事實上讓政府可以自由地進行一些重大的干預。所以，在我們的下一篇對話中，我們將解釋和提議一些具體的積極政策，用以減少助長憤怒經濟學中的憤怒。如果現代的部落主義者是惡棍程式設計師，那麼我們可以嘗試破解那些惡意程式。

對話5

撫平
憤怒

Calming the Anger:
From Angrynomics to an Economics
that Works for Everyone

從憤怒經濟學到為所有人服務的經濟學

「憤怒是真實的情緒。
只有在它掌控你、讓你做你不想做的事時，它才是惡。」
——美國作家，霍普金斯（Ellen Hopkins）

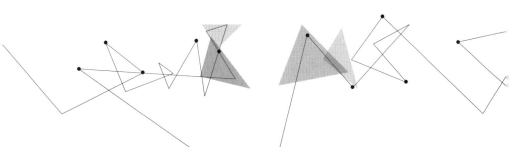

好父親變成民粹主義者的寓言

我們第一次見到約翰是在二〇〇九年三月，他在佛羅里達州那不勒斯市一家高檔餐廳擔任服務生。他主動與我們攀談。約翰是愛爾蘭裔美國人，原本住在波士頓，不久前和家人搬到佛羅里達。他的幾個女兒已經長大，從大學畢業，並已找到工作。只有最小的女兒仍與他和他妻子住在一起。他們搬到佛羅里達想過一個平靜的退休生活，孩子們可以在冬季的月份來探望他們和享受陽光。

幾個月前，約翰最小的女兒被診斷罹患一種很罕見但危及生命的心臟病。在上過許多醫院後，約翰知道只有一位醫師有足夠專業知識和適合的技術可以幫助他女兒。這位世界知名的心臟外科醫師為邁阿密海豚美式足球隊工作，約翰找到他並接受他的協助。他女兒在手術後很快恢復健康，現在是一個健康、二十幾歲的年輕人。但約翰負擔了一百多萬美元的債務，這是快七十歲的他還在工作的原因。

我們在二〇〇九年第一次與約翰談話時，他滿肚子怨憤。當時有許多媒體報導一家叫美國國際集團的大型美國保險公司倒閉了卻支付紅利給主管。約翰一輩子沒犯過什麼錯，他循規蹈矩，繳納該繳的稅。他是個好丈夫和好父親。就在他職業生涯快結束時，所有計畫全都泡了湯。他認命接受，女兒的健康最重要，他從未懷疑這一點。但那些人欺騙社會，他們讓公司破產，而政府——像他這樣的納稅人——卻必須紓困它，否則據政府說，將摧毀整個金融系統。通常這被稱做勒索。那些人能逃過牢獄之災已經很幸運了，但更令人氣憤的是，他們還能拿到如此豪奢的紅利，高到一年的所得可以清償他為支付女兒的醫藥費所積欠的所有債務。約翰說話溫文有禮，態度又很謙和，從不發脾氣或與人爭論。但他經歷的這一切讓他感到憤怒。他覺得被欺騙，一直以來他聽到的都是謊言。而且沒有人想解決問題。

馬克：在前兩篇對話中我們描述之前的資本主義版本當機引發許多公眾憤怒，以及較個體層面的改變也在私人層面上複製並放大這種憤怒。在本篇對話中，讓我們進一步討論因應對策。當我們探究修改或取代三．〇版的重開機軟體時，第一個要問的問題是，我們需要什麼？讓我們先從辨識三．〇版雖然當機但仍值得保留的部分著手。然後從這裡我們可以討論新程式，並解釋為什麼必須避免憤怒經濟學沸騰到更致命的程度。

艾瑞克：對所有三．〇版的臭蟲和最終的當機，大多數人不想重新打造全新的系統，因為這麼做的成本很高，而且這種嘗試往往以失敗告終。那麼，我們可以保留舊模型的哪些部分，並據以建立新模型？在我看來，三．〇版最好的部分可能是類似澳洲人做到的事情。

三．〇版最大的成就是控制通貨膨脹，和顯然成功地修正了卡列斯基確認的病毒——持續的充分就業將無可避免地製造出薪資─價格的通膨螺旋。三・〇版成功地帶來持續很久的幾近充分就業而沒有通膨壓力的時期，這可能歸功於勞動市場的去監管，但我們也必須說，高度競爭的產品市場、全球競爭和科技是重要因素。儘管有這些因素，一些經濟體，例如澳洲，仍有很不錯的實質薪資成長，而且它們過去三十年來沒有通膨問題。在已開發世界的許多部分，二〇一九年的失業率已跌到一九六〇年代以來僅見的最低水準，也是中歐和東歐等國家數十年來的最低點。在許多這些經濟體，實質薪資成長目前仍很強勁，強勁到澳洲似乎已不再像個局外人。相對的景氣穩定——你和我所稱的長期穩定——看起來可以達成，且可能持續創造緊俏的勞動市場。

澳洲（加拿大也一樣）做得好的是在金融危機發生前嚴格監管它的銀行業。當然，這不是萬靈丹，但是個好的開始，其他國家必須學習這個教訓。一九八〇年代的政策在穩定通貨膨脹很成功，但高槓桿的金融機構最終還是出現不穩定。這些金融機構認為永遠不會再有衰退，因而高度槓桿化它們的資產負債表以追求獲利最大化，進而製造出危機。如果情況出差錯，槓桿就足以致命。果然情況出了差錯——而且是大差錯。

全世界必須學習的教訓是，銀行需要高資本和流動率。它們需要財務緩衝以保護自己免於壞帳，以及避免在恐慌時企業和家庭緊抱現金。危機後更積極的監管造成的結果是，銀行業不再被允許承擔高度的資產負債表風險。通貨膨脹保持在極低水準並不令人意外，但金融危機後的十多年來，我們要求全球銀行提高資本和流動率，使得美國和越來越多其他國家出現歷來最久的連續成長期。

充分就業和金融穩定是了不起的成就。雖然許多人仍擔心金融業，特別是川普身邊的人，他們鼓勵川普再度放鬆銀行業的監管。但過去的教訓和新作法清楚地呈現，低通貨膨脹和嚴格監管銀行，可以帶來持續的充分就業和長期穩定。了解這些成就很重要。如果可以長期持續，這將是巨大的成就，特別是如果能同時維持極低的實質利率。

通貨膨脹之死也容許更積極的反景氣循環的需求管理，雖然這似乎是許多改革者忽視的。這是一個大諷刺，因為一九八〇年代因應凱因斯經濟學的失敗所採用的政策，實際上讓凱因斯式需求管理變得更可能實施。

馬克：解釋一下你的意思，不要用術語：為什麼長期穩定如此重要，和為什麼凱因斯式的二·〇版解決方案現在變得更可能實施，而非更不可能。

艾瑞克：第一，我們有事實根據。一九八〇年代和一九九〇年代的政策如全球化、產品和勞動市場的去監管，摧毀了通貨膨脹。因此，許多經濟學家和政治人物宣揚「不再有景氣榮枯循環」的原因不難理解，一九七〇年代的經驗教導他們，通貨膨脹是衰退的主要原因。而在許多低所得經濟體——如土耳其、印度、巴西和南非——通貨膨脹仍然是個大問題，它嚴重地妨礙這些國家藉由寬鬆財政和貨幣政策來終結衰退。

當然，現在已經很清楚的是，雖然政策制訂者倡導控制通貨膨脹，他們卻忘記經濟大動盪的第二個來源：金融業。更糟的是，他們忽視在藉由控制通貨膨脹來維持長期經濟穩定的風險時，私人部門會擴大金融曝險，最後會引發巨大的不穩定。這種作法越成功，當機時也越嚴重。

在重溫經濟歷史的教訓後，重要的是做通盤的考量。我們必須保持對銀行業採取得來不易的嚴格監管，但不需要再度監管其餘的私人部門以恢復卡列斯基的通貨膨脹，否則將付出取捨的高昂成本。雖然通貨膨脹的成本經常被誇大，但高通膨經濟體絕對不是穩定和福祉的燈塔。

不恢復通貨膨脹也有很站得住腳的政策理由。在嚴格監管和缺乏競爭的經濟中，像是一九七〇年代的情況，政府可以採行凱因斯政策和在衰退中藉由印鈔票來減輕痛苦的概念已經不被採信。其結果總是高通貨膨脹和高失業率，其結果是停滯性通膨，即通膨和失業一起上揚。但在從結構上消滅通貨膨脹後，現在這些政策運作良好。你和我都認為它們可以大幅改善，但證據一面倒地顯示在競爭、去監管的已開發經濟體，印鈔票來避免通貨緊縮和預防衰退可以不須再付出通貨膨脹的成本。

馬克：這是很自信的宣告，聽起來類似一些提供桑德斯（Bernie Sanders）建議的美國經濟學家抱持的觀點，即現代貨幣理論。他們主張在結構性低通膨的情況下，積極擴大財政支出。

艾瑞克：在沒有通膨的情況下，的確我們有大得多的財政和貨幣彈性。現代貨幣理論經濟學家無法可信地解釋為什麼通貨膨脹已死，他們的思想創始人明斯基（Hyman Minsky）完全誤解通貨膨脹。諷刺的是，他們的一些政策可能動搖價格穩定，最後反而限制了財政彈性。正如你在你的書《緊縮政策》（*Austerity*）中指出、且迄今已變成共識的觀點，積極的財政和貨幣刺激應該用來對抗衰退。當經濟的資源已被充分利用時，增加政府的角色將需要取自其他地方的資源。現代貨幣理論往往給人免費午餐的印象，在衰退時有免費午餐，但在充分就業時沒有。現代貨幣理論支持者往往不承認這點，或者他們提出完全脫離現實的國家干預觀點。我想我們需要更創新和嚴格的框架，以利用國家的資產負債表來解決貧富不平等和氣候變遷問題。

馬克：對我來說，經濟學只是這個問題的一部分。如果我們身處在一個去監管、競爭和全球連結的世界，而且很難刺激它的通貨膨脹，那麼資源的「排擠」應該不是一個大問題。的確，現代貨幣理論對通膨的對策是提高稅率。但對我來說，這引發一個政治問題。誰投票支持加稅，和誰會贏得選舉？還有誰說由「政府」來規劃我們應該都同意的投資這個概念不是一個重要的政治問題？最後，別忘了我們創制的所得稅和富人稅不只是為了對抗通膨或增加收入，也是為了對抗富豪統治。我有點擔心一種經濟理論，就是想給那些擁有所有資產的人更多財富，同時承諾只要沒有通貨膨脹就降低他們稅負的經濟理論。但是我們同意，讓我們回到主要的論點——控制通貨膨脹帶來很大的好處，以及我們需要強壯的金融系統。還有什麼需要矯正的？

艾瑞克：如果川普和他的圈內人決定再度解除金融業的監管，顯然美國將面臨災難性的風險。但從全球層面來看，人們還沒有忘記二〇〇八年和它的教訓，全球金融監管機構決定控制銀行業並嚴加監管。但除了銀行業外，我們的新版軟體還有三個大挑戰。第一個是我們已經談論很多的不平等。

即使從我設定很多條件的衡量方法來看，不平等從一九八〇年代以來就是個問題，而且它從一九八〇年代以來大體上就被忽視。現在幾乎所有人都同意必須對極端的財富和所得不平等採取對策——憤怒經濟學的正當面。比爾·蓋茲（Bill Gates）認為不平等已經過度；即使是巴菲特（Warren Buffett）——如果他不會死的話，最後他會捐出所有財產——也認為太超過。

為何這個問題很嚴重有幾個我們已經討論過的原因，但新研究顯示它正加劇醫療不平等、限制社會流動性，並削弱民主。[29]當然，稅是解決方法之一，不只是因為對相對小比率的極富者的所得加稅，並把稅收分配給生活不安全的低所得者可以改善他們的生活，也因為頂層所得者幾乎不會受到影響。的確，已開發世界的大部分輿論似乎正大幅度地轉向這個方向。[30]而正如你先前提到，我們應該記住在美國的例子裡，十九世紀末實施的加稅作法在抑制富豪統治上的目的，程度不下於為了增加稅收。

的確，今日我們目睹的極端財富不平等也製造出道德憤怒，正如那個年代的政治貪腐和其他極端現象。但我們必須超越課稅，因為那些超級鉅富和他們收買的政客將竭盡所能地抗拒，就像二〇二〇年美國總統大選中對參議員華倫（Senator Warren）的富人稅提案的反應清楚顯示的。我們需要一個更正面的角度來攻擊不平等和它的弊病，而它的關鍵就是支持透過擴大資產所有權來支持所有其他人的消費和所得。

藉由提供資產所有權給那些很少或沒有資產的人，我們可以避免我們經濟中累積的改變壓力和風險。我們的新軟體必須解決財富不平等，以使我們的社會更能順應改變，而擴大資產所有權就是關鍵。而且我在這裡指的是採用一種不只是柴契爾著名的「財產所有制民主」（property-owning democracy）的方法，我們需要全新的理念來說明誰擁有什麼，和誰獲得資產的報酬。

第二個較技術性的問題是低利率。這一部分是三．〇版成功控制通貨膨脹的遺緒，但它也是人口組成改變和高私人部門債務水準的結果。利率接近零帶來的問題是，央行面對可能引發衰退的經濟震撼時沒有因應的工具。如果利率已經如此低，降息和收購債券將沒有意義。在這種情況下，我們需要給央行較公平和更有效率的新工具。以我所見，經濟學家對這個問題的論述一直太過失敗主義和悲觀了。接近零利率實際上創造出解決財富不平等和氣候變遷的大好機會，這兩個問題的難處不在於沒有資源，而是沒有創意。

你和我，加上一群世界各地越來越多的經濟學家已設計出許多新工具（我們後面會談到），它們有時候被歸類為無用的「直升機錢」（helicopter money），這牽涉轉移現金到家庭以支撐消費。但我們也提議一個雙軌利率的系統可以用來激勵永續倡議中的投資，類似反抗滅絕的運動和拉沃思（Kate Raworth）的《甜甜圈經濟學》（*Doughnut Economics*），都喚起人們更大的迫切感。現在缺少的是一個簡單的非零和解決方案。我堅定地相信保護環境是再造經濟的大好機會。

馬克：所以，我們需要矯正三件事。首先，控制通貨膨脹和嚴格監管銀行業是先決條件。沒有通貨膨脹意味我們可以印鈔票以避免衰退，但在利率接近零與債務水準如此高的情況下，央行需要新工具以便在必要時達成這個任務，而那是必然得面對的時刻。第二，我們也必須激進地解決財富不平等。我想我們可以不靠加稅就做到，或訴諸長期的作法如全球合作追查寡頭的隱藏財富，或像參議員華倫身邊的經濟學家提議的課徵新富人稅。第三，我們需要以財政刺激可持續的投資，以便真正展開我們經濟體的去碳化努力。然後我們用所有這些政策來減緩一個體壓力源，並賦予個人力量。

讓我們從這些政策中最創新的一項開始談起：設置國家財富基金來解決不平等。不過，在討論前，我們得先舉出好政策的衡量標準。有許多已提出的解決方案——像全球財富稅——從技術性的政治觀點來看並不可行。我對專注在什麼才「理想」的政策討論很不耐煩，我們需要把有效列為優先考量。對超過例如五百萬美元或甚至五千萬美元的財富課徵全球富人稅，甚至是高遺產稅的構想，是極艱難的政治挑戰，儘管它們是很「正確」的技術性解決方案，也儘管美國的輿論近日也轉向這個方向。富人有強大的影響力，而且有一個世界各國政府似乎不願意犧牲的全球避稅產業。所以，回到我們先前的類比，我們如何設計新軟體以便解決這個難題？一套聰明的政策該是什麼樣子？

艾瑞克：一套聰明的政策必須有三個特點。第一，它必須能產生效果；第二，它應該簡單而且容易解釋；第三，它應該跨越傳統政治路線，以便獲得和保持超越選舉周期的支持。如果具備這三個特點，它就足以制訂一個平息憤怒的新政策。它將有效、可以推廣，而且沒有理由反對它。因此，讓我們開始第一項嚴肅的硬體修改——設置一個解決不平等的國家財富基金。

馬克：我們自己設定的挑戰很簡單，我們希望經濟中的每個人都有能創造所得的資產。為什麼課徵高遺產稅會遭到富人反對？在大多數已開發世界國家，頂層二〇％的人口擁有超過八〇％的資產。而正如我們討論的，這其中也有一個強大且退化性的跨世代成分，理性的人認為需要解決這種失衡。最貧窮的二〇％人口的確繼承和擁有極少資產，舊概念是課稅，但這不符合我們三點條件的兩點。雖然課稅可以執行，但它會面臨強力的政治反對，而且資本是全球流動的——很難追蹤。所以我們需要不同的矯治方法——讓我們試試國家財富基金。

首先，我們知道設置國家財富基金可行是因為已經有主權財富基金，像在新加坡、挪威和許多波斯灣國家——不見得是典型的馬克斯主義國家——擁有或管理或指派第三方來管理這類基金。在這裡必須澄清的是，國家本身並不嘗試去操作或管理這些資產——這不是老式的國家化。主權財富基金的資產在全球交易所交易，而且這些主權財富基金往往是這些資產的被動少數股權持有者。正如持有投資資產的大型慈善機構，或像哈佛的大學捐贈基金，主權財富基金代表它們的人民，用基金孳生的盈餘來購買資產以累積儲蓄和財富。好，新加坡、波斯灣國家和挪威只是少數國家，我們可以仿效它們嗎？我們想這麼做嗎？

艾瑞克：是，但也不是。讓我解釋。這些財富基金的起源通常是極龐大的國際收支盈餘（這些國家的出口遠超過它們的進口，必須把這些收入存入銀行，或匯到國外，用它們來賺取收入）為它們製造一個金融困境。像石油生產國或只是像新加坡這種很成功的出口國，可以藉由容許它們的貨幣匯率上升來因應龐大的貿易盈餘——進而傷害它們經濟中的其他部門——或利用獲得的外匯來蓄積國家的資產，而後者就是這些國家的作法。我們作法的變通之處則是不需要龐大的國際收支盈餘。我們認為可以做的是利用金融危機的機會——現在正是時候！——加上全球人口趨勢和低通貨膨脹的助力。

從二〇〇八年金融危機以來發生的情況之一，是政府可以用負利率舉債，這意謂私人部門實際上是在支付政府的借款。你能想像一個你借抵押貸款的銀行實際上因為你抵押貸款而支付你錢的世界嗎？誰會放過這個機會？

而這正是我們現在居住的世界。在這種情況下，奇怪的是政府沒有把握融資成本大幅降低的機會，反而我們看到的是完全相反的作法——央行擔心利率太低，而政府採取「緊縮」政策。這是對經濟的無知。

讓我們把這件事想清楚。例如，在德國、法國和英國，政府可以用負實質利率發行二十年到三十年的債券；美國十年期債券的實質殖利率也是負的。這簡直是挖到石油。讓我解釋為什麼。

為了簡化數學計算，讓我們假設英國政府以零實質利率發行相當於二〇%

GDP的英國公債。在十五年間，這批公債的實質價值不會改變。如果把孳息投資在一籃子分散的全球股票（以目前的價格推估將可獲得四％到六％的實質報酬率），那麼這些資產將在十五年期間增加逾一倍。這個基金將賺進相當於二〇％GDP的淨資產價值。

負實質利率對政府來說就像挖到石油，它是財富的來源之一。以這種方法每十到十五年創造的盈餘可以用個人信託基金的形式，分配給八〇％擁有最少資產的家庭。這些信託基金可被指定必須用於特定用途，例如住宅、教育、醫療和創業。

馬克：你和我從金融危機以來曾寫過有關這個構想的文章，包括刊登於《哈佛商業評論》（*Harvard Business Review*）的文章，而且現在有越來越多有關設立國家財富基金的文獻。[31]但我們的提議有什麼不同之處？

艾瑞克：有兩個不同點。第一，我們正探討當今世界的一個特質：負實質利率。政府不善加利用這種情況確實很荒謬。一個龐大的國家財富基金可以很快設立的唯一原因是，政府的債務成本如此低。這是對因應長期經濟停滯的部分方法。我們提議的第二個不同點，是分配資產所有權給沒有資產的人。我們想在國家保險之外創造一種國民國遺產（national inheritance）。

馬克：這很有說服力，只要幾個月它就能設立並執行。這符合財政審慎原則，因為雖然政府發行債券，真正重要的是它的淨債務——資產與負債的差額——沒有改變，政府發行債券不是用在消費上，它是用來購買真實的資產。而我們只是在十到十五年償還債券後，視投資是否成功來分配其盈餘。現有主權財富基金的報酬率顯示成功的可能性很高，但讓我們解決三個常見的憂慮。第一，這似乎風險很大：發行債券和購買股票。第二，政府債務不是已經很高了嗎？第三，為什麼政府能做這件事？這聽起來好得不像是真的。如果利率上升，還可能這麼做嗎？

艾瑞克：這些問題有一個簡單的答案，而且是較技術性的答案。我先說出這個簡單的答案。想像你的銀行提議付錢給你讓你抵押貸款，銀行非但沒有要你支付利息，還支付一%的報酬給你。因此你用抵押貸款購買一棟房子，把它租出去，租金的殖利率假設是六％。所以你每年賺取七％的報酬率（六％是租金所得，一％是銀行付你的錢），然後每年以複利計算。在十年內你就可以償還抵押貸款，並完全擁有出租的房子。這可能好得不像是真的，但這是複利和政府低資金成本的結果。有趣的是，為什麼會這樣？為什麼私人部門願意以零利率或負實質利率借錢給政府？但首先要強調的是，以政府目前的舉債成本來看，它做的任何有正實質報酬率的投資都能為國家創造價值。

讓我們談談風險。這麼做牽涉到風險——這不是不做的理由——但我們必須釐清這類風險的性質。在出租房子的例子，你可能運氣不好——房子被洪水淹沒，或被地震摧毀。你沒賺到租金收入，房子的價值下跌，而且你還必須償付到期的債務。那麼，以零實質利率發行債券，並購買殖利率為四％到六％的分散性全球資產組合的政府，會有什麼風險？

全球股票市場是世界各國——歐洲、中國、日本、亞洲和北美其他國家——股本的債權。如果全世界的資本基礎受到重創，全球股票市場將出現問題。所有證據顯示這種風險正在升高而非下降，而如果你的投資期間是十到二十年，你可以看到在投資人恐慌時出現的周期性崩跌，和伴隨的逢低買進以增添投資組合，而這正是大多數主權財富基金普遍採用的操作方法。

要重創這個財富基金將會需要一場世界大戰或全球經濟大災難，和不只是一場這類基金可以從中獲利的景氣循環性股市崩盤。沒錯，如果發生世界大戰或彗星撞地球摧毀全球經濟，世界將沒有多少財富可以拿來分配，但這兩種情況將是國家財富基金最不需要擔心的事。

馬克：由於失敗的可能性極低，這是政府可以採用的一項明智的政策。它不具意識形態性，的確，全民擁有資產是一個跨黨派的議題——而且它能解決憤怒經濟學的一個關鍵成分。好，讓我們談一下技術性的東西。為什麼政府能以如此低廉的成本舉債，以及為什麼它有獨特的地位可以從購買私人部門資產上獲得超高的報酬率。

艾瑞克：兩股力量的運作創造出這種出乎預期的機會。第一是我們已討論過的人口趨勢，第二是極低水準的通貨膨脹意料之外的結果——政府債券已變成私人部門的保險單，這兩個因素導致國家舉債成本大幅降低。在富裕的已開發世界，我們面對人口老化和資產所有權集中的現象。老年人傾向於規避風險，有很明確的負債，例如年金、醫療照顧的需求。所有你在我們有關私人壓力源討論所描述的力量，都導致強烈的儲蓄傾向，因此有對政府債券的極高需求，因為政府債券基本上已變成儲蓄債券。

馬克：好，我了解。有許多高避險傾向的老年人和他們的年金管理公司，以極低的實質報酬率正在購買政府債券，因為他們要的是確定性——即使計入通貨膨脹後他們會虧損。但第二點——因為政府債券是保險單，所以國家可以用極低利率舉債——又有什麼意義？

艾瑞克：你和我提議——我認為這是一個創新的提議——的是，我們可以利用政府資金成本相對於私人部門資金成本似乎是負值的事實。

馬克：好吧，用白話來解釋，那是什麼意思？

艾瑞克：當一家公司在股票市場發行股票，它放棄一部分公司的獲利和所有權。好，在衰退期間會發生哪些事？在衰退中獲利會下跌，而獲利下跌時，公司會有倒閉的風險。如果我是一家衰退期間的私人公司，並且看到我的獲利下跌，為了籌措資金，我必須放棄更大部分的公司股權。在這種情況下力量操之在買進股票的投資人，而且這反映在股票市場裡的行為。股票市場在衰退期間會下跌，這種論斷有相當的可靠性，美國股市在衰退期間通常下跌五〇％。

換句話說，私人部門資本的融資成本高低視景氣循環而定。在景氣好時，經濟處於成長期，就業率高、企業獲利強勁，股市往往會上漲，公司能以合理的價格發行股票。投資人仍會要求六％到七％的實質報酬率，因為他們擔心衰退可能出現，除此之外一切都很好。在衰退期間，獲利下跌、員工被解僱，股市往往崩跌。但有趣的是，在低通膨的世界，政府的融資成本完全反其道而行。為什麼？因為政府依照利率來融資自己，而由於利率在衰退時下降，政府的舉債成本隨之下降。

其結果是，當政府的融資成本較低時，私人部門的投資報酬率往往會上升。因此，政府能以很低的殖利率發行債券，並買進高報酬率的股票。這就是目前在歐洲、英國和日本的情況。

在一九九八年的亞洲危機衰退期間，香港金融管理局（HKMA）投資一百五十億美元在香港股市，以安撫私人部門的恐慌，當時這個措施被普遍批評將打擊對香港市場導向體系的信心。但它非但沒有打擊信心，反而協助系統穩定下來，最後並為國家創造超高的報酬率。讓我們學習這個教訓並採用它。我們應該設置投資股票的國家財富基金，並以這種方式操作。這種基金以普及資產所有權來重分配超高的報酬，對照於富人稅，這是歷來僅見的主動程序，不是藉由政府的課稅來進行重分配，所以應該可以減少政治阻力，得到更多的支持。

馬克：這真的很重要。我們似乎確認了三．〇版的一項性質，可以讓我們用來有效解決憤怒經濟學的正當不滿之一，即極度的財富不平等、一個系統本身製造的不滿，而不需要加稅。而且我們每十五年左右可為社會中沒有資產的人，創造高達二〇％ GDP的財富。正如你說的，資產所有權是一種保險形式。如果你有一筆資產而且用於醫療、教育和訓練上，你就等於為一些最昂貴和最重要的家庭需求買了保險。

因此，一個國家財富基金可以解決由憤怒經濟學製造的針對財富不平等的部分憤怒，同時減輕對醫療、教育和住宅的不確定感等私人壓力源。誰會反對這種事？

艾瑞克：好，這是好的開始，是一種可行而有力的政策，可以真正改善民眾的生活，解決社會財富集中的問題。現在讓我們轉到所得的問題。全民基本收入（UBI）——支付所有市民最低水準的所得——的概念近來引起許多人的討論。它遭遇兩個反對理由，第一是我們如何負擔支出而不減少可提供給社會安全的資源，而第二是民眾平白獲得錢是好事嗎？我們曾提議一種另類全民基本收入以避免這些反對意見——資料紅利（data dividend）。

馬克：與其平白給民眾錢——這是最典型的反對意見——我們建議從一種原

本就是屬於我們的東西中獲得錢。我們授予私人部門公司使用我們資料的權利，但要支付錢，這些錢可以用來充當基本收入的一部分。

艾瑞克：這裡有幾個重要的問題。我個人很樂於看到科技公司和金融機構使用我的資料。我認為這有很大的好處，從醫療診斷使用人工智慧，到亞馬遜建議我買我原本不知道的東西。我希望享有這種生產力成長，我不反對善用隱私資料，但我也知道許多這類企業的規模龐大，因為其中有些企業可能發展成壟斷事業。當然，Google、臉書、亞馬遜和蘋果有壟斷的特性。通常壟斷事業是國營或受國家監管的，若非如此，它們可能濫用市場力量而危害消費者。例如，我們希望只有一條鐵路線，但我們不能讓一家私人公司經營它而任意決定車票價格——所以我們監管它。大型科技公司有類似的特性。

馬克：請詳細解釋如何利用資料紅利。

艾瑞克：你和我正在研究的一項構想是，政府可以授權使用資料。由於支配市場的科技公司——蘋果、亞馬遜、臉書和 Google ——使用我們集體的資料作為它們獲利引擎的基本燃料，所以應該可以達成一項交易。

作為使用我們資料的回報，我們可以要求它們支付權利金，一筆一次性的支付，或者我們可以授予資料使用「執照」三十年或四十年，類似拍賣給行動電話公司的數位頻譜。這可以由國家層級來做。其中一種可能是把這種執照費或權利金的收入投資在這些公司的股票，並把股息分發給每個允許它們使用資料的個人。這就不是平白給錢了。這是支付權利金，反映一種財產權。資料授權的孳息本身將不夠創造一筆基本收入——例如每個成年人一萬二千美元——但它是個開始。我也認為從一筆很低的初始基本收入開始試驗可以大幅改善許多人的生活，並且在政治上較容易推廣——特別是如果效果很好的話。

馬克：為什麼我們不利用納稅系統？為什麼我們不讓這類企業繳稅，並增加我們的社會和基礎設施投資？舉例來說，亞馬遜預期光是在紐約開商店就可以獲得一筆二十億美元的減稅，但它在二〇一七年繳納的稅卻是零！[32]

艾瑞克：我們可以這麼做，但現在沒有這麼做，未來也不會。如果是在符合好構想的三個條件下就值得考慮這麼做：能改善情況、做起來簡單，以及跨黨派的支持。我們建議的是建立財產權，和拍賣壟斷性資料的授權，然後支付股息給自願提供資料的人，這是一個以所有權為基礎的公平解決方案。但還有另一個考量。大型科技公司的行為仍很少人了解，正如我們在對話4討論過，部分大科技公司如亞馬遜和臉書積極地與其他公司競爭，甚至像臉書那樣免費提供服務給消費者，或像亞馬遜那樣價格越來越低。我們不希望它們停止這麼做，我們希望鼓勵它們，但我們希望它們更廣泛地分享獲利。

例如，蘋果銷售高價手機而有超高的利潤率，所以從某個意義上來看，他們在剝削每個人。但如果我們擁有蘋果股票，我們就不會太在意。他們支付很不錯的股息給股東——而在國家財富基金中我們所有人都可以是它的股東——然後我們還可以從資料紅利獲得一些收入。另一方面，如果亞馬遜利用我們的資料攻擊一個又一個的產業，我們也不會在意——我們可以隨著它的成長賺取豐厚的資本利得，同時也從較低的產品和服務價格受益。萬一亞馬遜變成一家巨大的壟斷事業並支付巨額的股息，我們將是股東和股息接受者。最後，如果它嘗試以其壟斷地位剝削所有人，那麼要是你持有大量股權就較容易監管它。這是資料紅利比單純的全民基本收入更吸引人的原因。它提供我們選擇加入（opt-in）的收入，而且它也解決科技壟斷和資料所有權的問題。

馬克：如果我要建立一個憤怒經濟學揭露的罪惡階層，最頂層的將是製造衰退。歐元危機是我所能想到的最正當的公眾憤怒來源——它沒有必要且深入破壞義大利、西班牙、葡萄牙和希臘的大部分經濟。不難理解的是，歐洲憤怒的聲音也最大。歐元危機是應該被譴責的，我們有真正的理由讓那些政策制訂者在人權法庭上接受審判。他們對希臘、葡萄牙、西班牙和義大利做的事是無法原諒的。他們造成的不必要的苦難帶來影響深遠的破壞，即使是在十年後，經濟仍未完全復甦。

我們知道如何在低通膨的世界終結衰退，所以在沒有通膨的情況下，它更加倍地不可原諒。如果你有通膨，也許你必須權衡利弊。這在一九七〇年代可能是合理的作法，因為要控制不斷升高的通貨膨脹，我們需要較高的失業率——雖然這仍有爭議。但這不是今日的情況。在今日經濟下跌的情況下，通貨緊縮是比通貨膨脹更大的風險。如果你了解這一點，那就絕對沒有理由容許持久的衰退，道理很簡單，解決衰退就能給所有人錢。就是這麼簡單。

借用羅爾斯（John Rawls）的話，在任何運作良好的社會，因為有印鈔票的能力，央行可以隨時創造支出，所以有極低通貨膨脹的經濟體應該不會出現長期或嚴重的衰退。衰退的原因是人們的支出不夠多。如果每個人有足夠的錢支付房租、買食物、繳帳單和教育小孩，我們就不需要擔心衰退。我們擔心衰退的原因是人們想支出超過他們能力的錢。所以問題就只是：我們如何給他們更多錢以便支出？

一直以來的方法，是當衰退發生時，我們嘗試藉由降低借貸成本來提振支出，讓公司可以借更多錢來投資、讓家庭借更多錢來花，所以我們是鼓勵私人部門增加債務。在實務上，這種作法一大部分就是給大家錢。

想想英國。英國的抵押貸款市場有一大部分是可變利率抵押貸款，或美國人說的可調整利率抵押貸款。只要英格蘭銀行為許多家庭降低利率，他們的可支配所得馬上會增加。英格蘭銀行是在給你錢。這種作法是採用不透明的方式進行，而且只在高利率時才管用。但這在當下此刻已不再管用，因為我們的利率已經接近零。銀行業說，現在的利率已低到它們無法把降低利率的好處轉移給家庭；而貸款人則說：「你看到我們的債務有多高嗎？」我們必須重新思考這一切。

艾瑞克：你和我二〇一四年在《外交》雜誌（*Foreign Affairs*）上寫了一篇一些人稱為「直升機灑錢」的文章，而且我們從認識彼此以來就一直談論這個問題。這在主流經濟專業者、甚至在一些央行間已逐漸獲得廣泛的接受。它的簡單版是我們給央行直接轉移錢給家庭的權力。令人感到鼓舞的是，在危機前和危機後都是世界最成功央行之一的捷克央行，曾寫一篇學術論文提出經驗證據，證明這個方法管用。許多資深官員也表示，如果再發生衰退，這是央行準備採用的方法。

但許多人對所謂的直升機灑錢還是感到困惑，甚至許多經濟學家也是如此。這個名稱並沒有幫上忙。許多人不知道如何定義它，只是知道如何做。那篇捷克的論文簡潔有力地道出它的重點，他們用一句明確的敘述來說明，就是直接支持消費。那就是我們的主張。我們不在乎怎麼稱呼它，但讓我們賦予央行轉移現金給家庭的權力。而如果央行已經有那種權力——歐洲央行是否擁有此權力可能有爭議——它必須做的就是清楚解釋在下一次衰退來臨時，它會如何行使這個權力。

馬克：我們說過，你可以降低利率，但這已經不管用。你也可以進行所謂的量化寬鬆（QE），也就是儘可能地購買資產——債券、股票和其他資產——藉以提高資產的價格。這能創造「財產效應」，因為有資產的人將有利得，他們會感覺變富裕並花更多錢，而我們希望最終那會滲漏到每一個人身上，且影響更廣大的經濟。讓我們舉例來說明這種作法多沒有效率。想像你想喝一杯茶，你到花園裡找到澆花的水管，把它插進郵箱。然後你跑步從後門進屋，把茶壺的蓋子掀開。你再跑出去，關上門並扭開澆花水管。你剛把屋子灌滿了水。好，最後有一些水會流進茶壺裡。我們說：「你只要把水放進茶壺就好了！」

艾瑞克：沒錯。你有一個簡單的問題，就是人們花的錢不夠多。你可以拉抬資產價格，嘗試讓他們感覺更富有，你可以用遠高於資產真正價值的價格，向人口中的極少數人購買資產，然後希望產生溢出效應。或者你可以給每個人一千英鎊或一千美元，每季做一次，直到我們達到充分就業和預期的通貨膨脹。從定義上來看，達到在這個點時，衰退已經結束，然後你可以提高利率並停止發放現金。這麼做將比量化寬鬆更便宜。由於我們利率的結構性現狀，我相信這是民族國家最後會採用的方法，也許是捷克共和國，而且將會有效。到時候這些觀念會有正面的傳染性，而我們會想為什麼沒早點這麼做。

許多人嘗試反駁我們提議的央行應該有權力轉移現金給家庭以直接支持消費，他們質問：「央行有這麼做的正當性嗎？」我不了解他們的顧慮。我們可以立法要求央行這麼做，我們可以授予這麼做的正當性，或鼓勵它們運用既有的職權，歐洲央行已經可以在職權範圍內這麼做。央行有維持價格穩定的責任，而且幾乎可以依法全權決定如何達成這個職權，只要它不受財政部門掣肘。

根據歐洲央行的定向長期再融資操作（TLTRO）計畫，歐洲央行實際上可以授予所有歐元區市民無限期零利率貸款，商業銀行也可以用與目前TLTRO的相同方式授予貸款。這應該行得通。當我們第一次在二〇一四年提出永久性TLTRO的構想時，沒有得到任何迴響，但令人鼓舞的是，當歐元區在二〇一九年中再度陷於衰退邊緣時，包括前美國聯準會副主席費雪（Stan Fischer）和前瑞士銀行副總裁等央行官員，挺身支持授予家庭永久性貸款作為歐洲央行的政策因應。

英格蘭銀行和日本銀行有類似的放款工具可以用來進行類似的轉移，但在目前的美國法律下，聯準會似乎不能這麼做。歐洲央行可以合法地做，而且可能世界大多數央行也能。那麼，美國可以採用任何其他方法嗎？柏南克曾提議，聯準會可以在財政部設一個帳戶，當利率接近零而且聯準會想進一步提振經濟時，聯準會可以把現金存入該帳戶並說：「這是五百億美元或一千億美元，拿去花或拿去分配吧。」

馬克：好，所以我們已經把原本的一個問題——通貨緊縮和零利率的威脅

——轉變成一個機會。央行操作的工具早已需要整頓。央行需要依職權進行創新，而且顯然可以做到。央行必須把錢轉移到家庭，而非以負利率進行破壞性的實驗。

現在讓我們討論你已建議央行應該採用的第二個工具，這個工具也可用來大幅刺激去碳化和區域發展的投資：雙軌利率。什麼是雙軌利率？它們如何運作？

艾瑞克：雙軌利率將允許央行區分儲蓄者從存款賺取利息的利率，和借款人支付貸款的利率。解釋雙軌利率益處的最好方法，是將其與目前的負利率政策做對照。負利率的問題在於降低利率的效應總和為零。因此，如果利率變負，理論上它至少對借款人是好事（假設銀行轉嫁負利率），但對儲蓄者是壞事。這導致一些經濟學家提出有一種「逆轉利率」（reversal rate），即利率來到一個繼續降低反而會限制支出、不再有刺激作用的水準。很可能我們已經來到這個點。負利率為銀行帶來嚴重的問題，明顯地導致它們更不願意放款；同樣的，它導致儲蓄者減少支出和增加儲蓄。

對照之下，雙軌利率是雙贏的作法。如果央行維持存款利率為零或〇．五%，這決定了作為存款基準的貨幣市場利率，儲蓄者至少不被懲罰或者可以獲得微少的收入。這是對目前存款的負「稅率」的一大改進。在此同時，為了改善借款人的景況，央行以很低的負利率放款給銀行，鼓勵銀行貸款給私人部門進行提高生產力的投資。

例如，我曾建議利用央行既有的定期融通機制（TFS；英國央行相當於歐洲央行TLTRO的操作），英格蘭銀行可以用負二%的固定利率授予英國銀行五年期放款，要求這些放款以負利率轉授給私人部門，以融通像是風力能源的去碳化投資。風電已經佔英國發電的二五%，為什麼不把目標提高到五〇%或七五%？雙軌利率可以把衰退和低通膨轉變成資助永續能源榮景的大好機會。我對童貝里（Greta Thunberg）的批評不是她的雄心——而是她的恐懼。我們可以辦到，說我們缺少徹底改變我們經濟所需的資源完全是個迷思。事實上，我們的經濟系統正要求徹底改革。

這與我們最後一項政策提議完全契合：徹底整頓財政政策。有兩個面向，第一是獨立財政會議的概念，它尋求把政治對立和爭議排除在財政政策之外，並預先決定在發生衰退時，我們要採取什麼稅務和支出措施。第二是建立一套政府應該如何舉債的聰明規則。公眾的困惑不是沒有道理的：如果負利率意味是由私人部門支付政府所借的錢，那麼政府怎麼會「負債太高」？政府似乎打破自己採用的每一項財政規則。我們同時被告知債務已經太多，和缺少「安全資產」——事實上這是指政府債券。我們真的能同時缺少和太多嗎？馬克，你怎麼看？

馬克：讓我從獨立財政會議的概念談起，或者說更廣泛的在衰退前先召開國家財政會議——而不是央行會議——能做些什麼。美國經濟學家薩姆（Claudia Sahm）提出一個很有趣的想法，類似我們給央行的提議。這個想法是美國財政部應該事先承諾，如果失業率開始攀升，財政部將支付家庭錢。我認為這是很適合美國的好主意，特別是因為聯準會比其他央行受到了更多的限制。

雷恩—路易斯（Simon Wren-Lewis）和其他人，像是英國的葉茨（Tony Yates）和布里坦（Samuel Brittan）都主張，應該有一個獨立的財政會議，其任務是在嚴重衰退時分配來自央行的轉移，或是預先決定如何減稅和提高政府支出以用於對抗衰退。換句話說，讓我們參與擁有可用於反循環措施的財政資源的財政部決策。

這裡用了許多術語，那麼這實際上說的是什麼？好，如果你回頭去看全世界在二〇〇八年危機後的情況，當時有一個全球共識是財政刺激有用——政府增加支出和減稅有助於經濟復甦，實際上是提供更多錢給私人部門支出。這個政策當時的確被世界各國採用。

在歐洲，問題是德國擔心其他國家搭它債信評級的便車來增加債務，並在貨幣聯盟中變成德國的負債。諷刺的是，二〇〇八年後最有效率的是中國人。他們從二〇〇九到二〇一二年提供了約佔GDP一二%的刺激，和約六〇%的全球成長。中國人進行古典凱因斯學派的基礎建設支出，我們知道這種作法管用，但我們需要讓它去政治化，而這正是財政會議的構想嘗試做的事。與其等待下一次衰退和捲入一切的政治鬥爭，讓我們現在設置一個財政會議，現在就辯論問題並同意發生衰退時要怎麼做，以便事先做好準備。

艾瑞克：好，現在我們有一整套政策想把衰退掃進歷史的垃圾桶。讓我們失望的政治人物和政策制訂現在沒有藉口了，這些政策是因應正當憤怒的正確對策。但我們還可以做更多嗎？例如，我們提出以雙軌利率來「助燃」綠色投資的建議，但只有在我們的經濟體需要進一步刺激時才會被點燃。

馬克：這帶我們來到我們的最後一個提議：一個有彈性的財政規則，以便把「長期停滯」（低利率）轉變成我們的優勢。在不拘泥於太多技術細節下，我們說每當一個國家有大量公共債務時，評估它債務永續性的最重要變數，就是它的債務成本與名目GDP成長之間的關係。根據經驗，如果一國的政府能以低於其平均GDP成長率的利率舉債，它就不需要擔心能不能借更多錢。

與其幾乎世界各國都機械式地設定穩定的債務對GDP比率目標——或更糟的是以絕對數值為目標，正如部分美國政治派系的主張——政府應該根據更簡單的目標來運作：只要舉債成本低於名目GDP成長時就擴大舉債；反之，當利率較高時就應該提高稅率。

在這個基礎上，全世界將有潛在的龐大財政資源。目前政府債務的負實質殖利率很可能會長期持續，其原因是人口組成、人均GDP提高、規避風險、數百年的極長期實質利率下跌，和極低的通貨膨脹。

和國家財富基金一樣，我們不是主張浪費這種財政支援，反而是想創造更大的社會財富，解決氣候變遷和區域經濟發展問題。從單純的財政算術來看，如果投資報酬率超過資金成本，就能創造出價值。政府有負的資金成本，而種類繁多的綠色投資報酬率是正值——如果把社會報酬考慮進去更是極高的正值。你提到風力能源，我們也需要加快投資電動車輛的充電基礎設施。結合補貼的措施，我們可以在十年內達成六〇%到八〇%電動車輛的比率。目前氣候運動者的挑戰是釐清重大投資的優先順序，而財政資源就像貨幣彈藥庫，並不是問題所在。

艾瑞克：讓我做個總結。我們有一些激進的政策可以用來消除衰退，大幅地重分配所得和財富，確保民眾免於風險和經濟變遷的影響，並在一個較公平的社會中鼓勵承擔風險，而且我們有方法可以融通一場綠色革命。我們現在需要看到國家實施這些政策，如果它們管用，其他國家就會仿效。政治階層喜歡仿效，他們很少思考。

亞里斯多德說，憤怒的反面是嬉戲，或者說是它的對立面。這是一個敏銳的觀察。憤怒通常暗示嚴肅的意圖，甚至暴力：「別跟他開玩笑，他生氣了。」但你對傾向民族主義趨勢的看法有一點絕對是嬉戲的，而且是我對未來樂觀的主要原因。告訴我你對民族主義也有意料之外的好處的觀點。

馬克：這是根本的問題，而且它牽涉到如何回歸並重新發現國家能幫什麼忙的問題。我們知道出了很大的問題，許多人深感憤怒，但人們不知道該怎麼辦，而且不信任掌握大權的人。人們也不信任那些尖頭專家告訴你哪裡出了差錯，因為有兩個正當的理由：他們過去的紀錄很糟糕，而且他們都站在不平等不斷升高的有利方，所以為什麼要相信他們會真心維護我們的利益？他們似乎都喜歡全球化，所以典型的反對就是民族主義。因此，這是一個有爭議的觀念。民族主義本身沒有好或壞，雖然它往往有一個醜陋的表面，但它本身不一定是壞事。

這樣想好了，全球化的整套支持新自由主義的理論就是擁抱後民族主義、個人主義的世界主義認同。我們被教導那些古典和民族式的認同已經落伍，它們屬於過去，但今日這個時代的全球世界主義也是如此。當結果是全球經濟體無法帶給一個國家絕大多數人民好日子時，人民就會變成各個國家的民族主義者。如果是這樣，那麼不管你喜不喜歡，民族主義一直都存在，那麼以國家作為一個單位，是不是有利於思考接下來該怎麼做這個棘手的問題？讓我們再想想歐洲。歐洲的問題不只是錯誤的政策，事實上是這個計畫從根本上就有瑕疵。下面是我對這句話的解釋。

如果成立歐盟的目的，是藉由重分配煤和鐵礦砂的財產權來避免德國和法國間的戰爭，然後以此為基礎慢慢建立其他東西，那麼歐盟的核心人物已經做得很不錯了。即使英國脫離歐盟，如果歐盟明天就不存在，我們真的會說所有貿易、商務和個人關係就會消失，然後回到像十九世紀與外界隔絕的封閉體制嗎？我很難相信會如此。

這告訴我，比系統的正式結構更重要的，是組成分子間所謂的「二階交互作用」。如果你看歐洲的治理越來越完備——單一貨幣、單一央行、單一政治目標、一套讓所有國家遵循的政策——就會發現它完全違背我們對系統複雜性所知的一切。蘇格蘭看起來不同於英格蘭，英格蘭也不同於愛爾蘭，因為雖然它們以有系統的方式相輔相成，但它們都各有不同的優勢和劣勢。

艾瑞克：換句話說，我們希望有國家層次的經濟多樣性，因為多樣性助長創新，而且我們可以模仿成功的國家。它也提供我們免於失敗的一些保護，因為可以更容易隔離失敗。我們不希望以民族主義的方式思考，因為那是很還原性和限制性的意識形態。但我們希望在國家、甚至次國家的層次組織政治，因為較小的政治實體可以更創新和更有可責性。完全專注在文化認同是一套懶惰和破壞性的思維，但民族國家提供的政策多樣性可能具備巨大的優勢。人類智慧的進步涉及許多發生在國家層次、如何組織事務的試驗，和你觀察哪些作法最有效用——然後模仿它。捷克央行可以提供一個其他央行模仿的例子。

馬克：歐洲從推出歐元以來所做的是，嘗試拿一具巨大的燙衣熨斗把所有政治上的差異燙平，同時說所有國家必須遵循同一套作法，向這些政策聚攏。這是很十九世紀的階層式思維。民族主義不一定要迷信國家認同。的確，我們可以打破國家藩籬，進一步進入區域認同。想想德國，德國成功的唯一理由是區域的政府有真正的權威。令人驚訝的是，中國的情況也是如此。

中國是由共產黨統治的單一大國。事實上，它並不是。中國可能是由共產黨統治，但它不是一個單一國家。十四億的人口不可能做到如此。當中國解決像減少貧窮或工業升級等問題時，他們不說「所有中國的公司都必須這麼做」，或「所有省分都必須執行這些政策」。他們會設定目標，轉達給地方當局，讓它們想辦法。有些地方當局會撒謊、有些會表現很糟，但累積的經驗越多，最後你就越可能有三或四個單位成功更新它們的公司或減少貧窮。然後你研究它們做了什麼，看能不能更廣泛地複製。如果你深入思考，那就是創新的過程。

艾瑞克：我們總是傾向於想——錯誤地想——政府就只是命令和控制，而市場才是動態的部分。這是馬祖卡托（Mariana Mazzucato）的研究很深入的地方，政府和市場沒有理由以正交（orthogonally）的方式運作。你可以有動態的政策制訂，以實驗的基礎進行，而這也正是動態的創新過程。所以，我們不應該說國家是一個無法消滅的災難，也不應該說國家的復興是一件可怕的事。事實上，如果歐洲國家更小一些，而且實際上更獨立且能夠嘗試不同的政策方案，那麼義大利將找到自己的方法、法國將找到自己的方法，而且歐洲的情況將比現在更好。

總結本篇，讓我們把對話帶回我們針對總體經濟政策的辯論之一。我想說一件讓我感到樂觀的事，就是我們都有相同的問題。通貨膨脹一直維持在低水準，各國的政策因應一直是越來越低的利率，伴隨著升高槓桿和它帶來的相關問題，而每個國家都面對類似的分配財富和所得的困境。既然這是一個全球性的問題，那就很有可能其中一個國家提出一些創新的構想。如果你比較歐洲和亞洲，亞洲有一五%或二〇%的央行是獨立的。這些亞洲央行之一很可能以很創新的方式來因應零利率下限（zero bound）的問題。一旦發生這種事，好的構想很可能會散播開來，然後甚至政治階級也可能會注意到。

結語

我們說了什麼、沒說什麼，和我們不希望忘記什麼

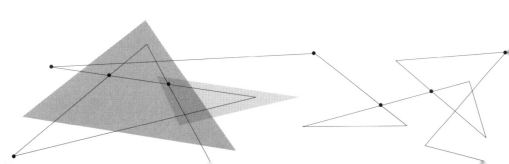

What's been said, what's not, and what we don't want to forget

我們希望這些對話是以有用和有趣的方式討論這些觀念。為了在結束對話前確定我們的看法相同，我們現在要總結談過的核心論點，並釐清我們沒說什麼。

我們寫《憤怒經濟學》想達成的目標是提供一本入門書，以闡明今日的世界為什麼是這樣子。我們希望我們的說明不會低估讀者或以艱澀的學術論述讓讀者難以消化；我們也希望保持簡單明瞭，但這仍然有其代價，一些人可能感覺我們的分析過於局限，以及提議不夠成熟。如果是這樣，他們誤解了本書的要點。我的目的是介紹這些觀念，而非想證明它們，或排斥其他的觀點。

例如，我們都同意氣候變遷是人類面對的最重大挑戰。的確，從這個觀點來看，我們寫的主題都是小事。但我們認為此處不把氣候變遷定義為此時唯一的問題有下列的理由：如果你先對憤怒採取對策，不先讓憤怒經濟學重回「經濟學」，那麼你就不用談以嚴肅的政策來解決氣候變遷問題。它們將永遠停留在構想的階段，因為我們將陷於內鬥，同時讓我們的部落本能混淆我們的判斷。

同樣的，一些人可能認為我們忽視從文化層面來解釋這些現象，而確實是如此。但這麼做是因為這樣的框架讓我們能處理憤怒經濟學的根本原因，從文化的層面談論無濟於事，那是絕望的表達。一旦你已經確定你國家的一半人口和你完全不同，且因此是錯的，那就不可能有好結局。我們必須超越以證明自己正確為目的的譴責和道德優越。

最後，我們認為我們需要一種新政治學。三．〇版的最大錯誤之一，是把政治學縮小到尋找「正確的政策」。偏執於正和（positive sum）利益的雙贏解決方案，使我們看不到政治學本身具有的分配性特質。有人贏、有人輸，而當大多數人總是輸時，就會出問題。正如二〇一六年希拉蕊．柯林頓（Hillary Clinton）的競選顯示，以「解決所有問題的政策」來作為社會弊病的ＯＫ繃只能說服少數人。大眾需要一套在背後推動的政治學，而不是一串改善小問題的個體政策，因為後者難以解釋且會強化政治分歧。

我們列出的綱要極具野心——藉由直接支持家庭所得來終結衰退，一個把我們集體資本的一大部分給予沒有恆產者的手段，和分配資產紅利以證明科技有利於所有人的財務，而不只是造就一小群「贏家」。我們希望這些方法可作為新政治學的基礎，超越三・〇版背後的老舊概念。

後冷戰時代——所謂「歷史的終結」（End of History）——的大失敗之一是令人洩氣的止痛劑政治學，即左派的技術官僚和右派的簡化理論家認為他們知道什麼對民眾最好。公民社會的許多機構同時遭到削弱，留下一個讓部落主義者趁機攻佔的思想真空。回歸最底層形式的群體認同已經興起數十年，警鐘敲響於這股趨勢在二〇〇九年後蔓延至全球，並以由川普、奧班（Viktor Oban）、法拉吉等人領導的運動為代表。集體使命和正當憤怒的激勵感受已迷失在其中。

我們的目標一直是提供能清楚並深入了解這個趨勢的論述。憤怒是一條協助我們理解這一切的弧線，相對於對矛盾的民粹主義的模糊泛化，憤怒有一個令人驚訝的清晰結構。它所呈現出的各種樣貌可以被辨識，經過我們親自檢視和分析後，它已改變了我們看待周遭政治現象的方法。我們希望你的看法也會改變。

當我們觀察憤怒時，我們問的第一個問題是什麼類型的憤怒？這是理性的正當激憤嗎？有沒有像環境惡化這類問題讓人應該感到憤怒？我們希望駕馭道德憤怒、我們應該傾聽被忽視者的聲音，憤怒可以是一種激勵性的正面政治和社會力量。但當我們看到私人憤怒時，我們的透鏡隨之改變。我們看到壓力、焦慮、不確定性——在困頓和快速變遷的環境中需要支持的人。

當我們看到部落精力被煽動以獲得選舉利益，或為了製造恐懼，我們會警覺出於既得利益動機的媒體和政治人物的操縱。利用根深柢固且往往不理性的心理傾向來動員群眾和刺激部落憤怒，不但危險而且是對人類根本價值的挑戰。

我們的目標是分析性的，也是政治取向的。我們認為我們對世界如何從過去走到今日，以及如何了解今日世界正在發生的事能有前後一致的解釋。今日憤怒處處可見，而且現在已被了解，但能感動大眾的一套政治學仍需要加把勁。左派和右派已束手無策——回歸一九七〇年代的國家所有權經濟學，或嘗試模仿像新加坡的城邦，對我們來說顯然是死胡同。過去五十年來建構的政治核心正瀕臨崩潰邊緣。

中間派政治人物如法國的馬克宏能贏得選舉只是因為投票率低。在英國，對越來越極化的政治菁英的普遍反應——在部落情緒的干擾下——是需要一個新的第三政黨。但這個政黨要代表誰？能改變人民生活和讓人民願意挺身支持的理念又是什麼？

雖然我們已表達不同意財富和所得不平等在導致世界今日情況中扮演的角色，我們兩人都同意的是，解決財富不平等問題將能激勵民眾並改變民眾的生活。我們的分析和提議向左派和右派提出挑戰——我們已闡明這個問題可以解決，而且無需向每個人課重稅，也不會讓國家財政破產。所以，趕快起來行動吧！

我們也不會在沒有通貨膨脹時容忍衰退和失業，這是心智的失能。主流思維不可原諒的錯誤是，拒絕進行可以大幅改善人民生活而且迫切需要的財政和貨幣政策改革。

最後，我們描述如何解決資料壟斷的問題，讓全民擁有的資料可以共享，並把權利歸還給應該擁有權利的人。不但所有人都能從這項創新中獲益，而且能分享創造的經濟價值。

有了這些提議作為利器，我們的政治將能有所改變。如果它不改變，我們所有人都應該感到憤怒。

後記—瘟疫中的憤怒經濟學

二〇二〇年三月底，新冠疫情大流行把世界推入封鎖時，正值我們開始寫作本書之際。我們立即想到，等到這場瘟疫蔓延到全世界後，我們的論述是否還攸關大局。我們相信它們還是。本書的關鍵主題是任何遭遇總體經濟當機（就像二〇〇八年）的社會，任何因為老齡化、科技快速變遷和不平等升高而壓力日漸加大的社會，都會製造出一個憤怒的反系統政治環境。公眾憤怒出現在正當的道德憤怒和被武器化的部落能量之上，這在此時此刻不但還是事實，而且還有相關性。

瘟疫看似讓憤怒平息下來，因為每個人都被要求留在室內。連美國總統選舉的熱度也降溫了，的確，民意調查發現對核心政黨和（醫療）專家意見的信心回升。在此同時，那些否認瘟疫或為政策而武器化瘟疫的人似乎失去支持。截至目前情況還好。但由於我們在本書中討論過的根本壓力源仍然存在，我們必須考慮它們與遏阻疫情的行動之間的交互關係。的確，在這場危機導致各國失業率大幅攀升的情況下，封鎖所刺激的憤怒可能重新燃起，並開始尋找新目標。

這股趨勢的初期例證是美國的桑德斯支持者質疑聯準會，為什麼總是拿得出幾兆美元來支撐金融市場，而他們要求的豁免學生貸款和實施全民醫療總是「負擔不起」。階級優勢在瘟疫中充分展現在誰獲得新冠病毒檢測，和你可以移居到哪裡去躲避疫情（英國的德文郡〔Devon〕和美國的漢普頓〔Hamptons〕），以及你能否遠距工作以維持收入。隨著我們實施疫情封鎖，民粹主義者支持的限制移民主張將受到考驗，原因是城市急需的食物因為封鎖導致缺少移民工而留在農田無人採摘。而即使已開發經濟體的醫療服務撐過這場劫難，民眾仍可以正當地對我們疏於防備這場瘟疫感到憤怒。憤怒經濟學和經濟學一樣可能被暫時封鎖，但它並未消失。此刻的政策挑戰，是善用這個時刻來解決不只是瘟疫的立即需求，而且要解決我們在本書中指出的根本裂縫。好消息是，一部分對策實際上已經在進行。也許我們終於開始把這場危機變成機會了。

許多我們在本書中提出的政策提議，正以我們意料不到的速度移到舞台中心。從香港、丹麥，到美國及英國等國家已決定，現金轉移給家庭是提供家庭立即協助的最好方法；歐洲央行已採用雙軌利率以支持中小型企業；美國和英國政府都宣布，在經濟活動大幅減弱下，以收購公司股權來紓困企業的提議。更廣泛的共識是，必須大規模地支持家庭和公司的現金流。緊縮政策已被束諸高閣，德國甚至已宣布龐大的財政刺激措施。

儘管有這些好兆頭，目前憤怒針對的主要領域是政策「如何落實」。大多數人同意如果央行能轉移現金給家庭將大有幫助，但央行沒有執行的手段。我們已建議歐洲央行提供「永久性零利率貸款」，由銀行系統以收取低額手續費來管理，而所有歐元區市民都可利用。前聯準會副主席費雪和前瑞士央行總裁希爾德布蘭德（Philipp Hildebrand），在由基金管理公司貝萊德（Blackrock）出版的一篇論文中支持這個構想，[33] 但基礎設施還沒有建立。政策制訂者沒有預見瘟疫爆發是可以理解的，但應被譴責的是整個決策圈浪費了從金融危機以後的十多年，沒有為貨幣和財政政策建立對抗衰退的基礎設施。我們早已知道衰退會來臨，雖然我們不知道它將以什麼形式發生。

我們在改革上的論點之一是，零利率甚至於負利率並不表示貨幣政策效力的結束，而且遠非如此。脫離對單一利率的依賴，應該為更智慧的央行操作揭開一個新紀元。我們舉出了兩個面向。我們已說過，現金轉移是一個明顯的工具，而支付它們的基礎設施現在——終於——應該建立起來。在手機／網路銀行業務如此普及的環境下，美國採用郵寄支票的方式令人震驚，但既然是疏於準備，採用這種方法也不令人意外。第二個面向是透過定向貸款和雙軌利率。我們已指出，如果央行可以分別設定借款和貸款的目標，貨幣刺激的應用將有巨大的發揮空間。

我們已看到英格蘭銀行和歐洲採用定向貸款的第一個例子。這兩個央行認為，資本充裕的大型企業在瘟疫期間仍然可以從公開市場和銀行關係獲得合理的融資管道，但中小企業將面臨嚴重的困難，大部分的就業機會也由中小企業所提供。

為了減輕這些效應，歐洲央行和英格蘭銀行已重新調整既有直接貸款的機制，但以中小企業為目標。

在歐洲央行的例子裡，這一輪定向長期再融資操作——用來鼓勵銀行以不同的利率來提供貸款給客戶，利率水準視它們貸款地區的經濟而定——的利率比歐洲央行補償銀行存款（準備）的利率還低。這是我們所知央行明確地採用雙軌利率的例子，這種作法的效用還被大多數人低估。例如，如果歐洲央行提供十二個月期的放款給銀行，並要求銀行貸款給中小企業，中小企業真的會獲得收益。央行完全可以根據經濟震撼的性質來調整這類貸款和雙軌利率的目標，在較正常的時期，我們希望這些工具被運用在可持續的投資上。

我們討論過的體制差異，特別是在美國和歐洲間，已經浮上檯面。在需要時，國會確實有能力步調一致地通過龐大的寬鬆財政方案，雖然得滿足各種特殊利益的要求，但至少方案能通過。歐洲的財政政策則再度陷於不一致和缺乏組織，不過至少歐盟委員會已建議暫停實施荒謬的限制性財政規範，並獲得部長會議的背書。德國已暫停其近乎神話的「黑零」（black zero）財政準則以便因應瘟疫。所以，情況確實已經有進步。

在歐洲央行，經過總裁拉加德（Christine Lagarde）在第一次記者會的失言引發歐洲政府債券市場的小恐慌後，歐洲央行加緊以「無限制」的量化寬鬆承諾來縮小歐元區主權債券的利差。央行支撐的低殖利率和暫停實施財政準則，意味歐洲各國放寬舉債的財政限制，雖然部分國家（義大利）的舉債能力仍然不如其他國家（德國）。因此，如果義大利能採取有效的因應措施，歐洲央行對縮小利差的承諾確實很重要。共同化債務（mutualized debt）如真正的新冠債券（Coronabond），在撰寫本書時似乎還無法被接受，但緊縮的迷思似乎終於被拋棄——至少暫時如此。

歐洲最大的危險是在危機期間「竭盡所能」地做，然後等危機過後又拿出緊縮工具，那將重蹈二〇一〇至二〇一四年歐洲的成長全面重挫的覆轍。南歐的失業仍未從上一次危機中復原，新冠疫情無疑地還會讓它大幅攀升到三〇％。如果歐洲決定再度緊縮預算，將激起難以控制的憤怒。

另一個弱點是如何組織針對企業部門的國家支持。我們已向政策制訂者提議，與其紓困管理不良的公司，在受影響的市場內對強健的公司挹注股本是最有效的作法。此外，如果價格合理而且結構合宜，這些資產應可提供我們在本書提議舉債設置的國家財富基金的種子資本。

為這些股票設置一個公共管理人可以解決許多問題。例如，遇到緊張狀況時，提供立即支持的需要削弱了制約性——企業能以獲得的錢來做什麼。因此，我們必須提供國家一個樣板：挹注股票市場、提供零利率貸款，以及投資認股權證（以現在同意的價格購買更多股票的選擇權）。這麼做可以讓國家為優良企業提供許多流動性以度過難關，同時確保在企業復原並成長時得以分享獲利。在此同時，藉由把這些資產放進國家財富基金、設置獨立的董事會、明確規範作業準則和以環保及社會治理為優先的原則，將可達到立即分配資金、保持制約性和不斷改善治理的目的。

除了這些政策問題外，瘟疫對憤怒經濟學更廣泛的哲學主題的影響已開始浮現。我們已討論民族國家作為公共政策的組織單位、民族主義作為一種動員意識形態，與我們面對許多挑戰——不只是環境問題——的全球性質之間存在的緊張。我們還不知道的是，瘟疫可能導致多極端的孤立感，或者它會透過獨特的共同經驗而讓不同國家凝聚在一起。當然，如果我們看到二次世界大戰以來最大規模的聯合國家干預，我們將很難宣稱國家的力量不足以改變我們的社會。

當我們回顧這段時期時，道德正當性的透鏡無疑地也將在決定我們集體的反應有多憤怒上扮演重要角色。憤怒經濟學並未隨著危機過去而消失。我們面對的挑戰是認識這一點，並以我們的因應對策來解決社會根本的裂縫和脆弱性，因為那是憤怒經濟學產生的根源。我們已經有一個出乎意料的好的開始。正如邱吉爾曾說：「當你發現自己正在走過地獄時，繼續向前走。」我們希望目前走在正確道路上的政策制訂者聽取這個建議。我們如何回應這些挑戰，很可能將決定我們將面對的憤怒經濟學病毒株有多致命。

延伸閱讀

我們寫作本書時刻意讓它更通俗易懂和更有可讀性，所以我們犧牲了許多對本書主題有所貢獻的作者、思想家和對話者的參考資料。如果你是本書主題領域的新手而且本書正好對你的胃口，以下是一些我們高度評價和對我們寫作本書有極大助益的書籍和讀物。

憤怒是一個跨越心理學、神經科學、哲學、政治科學和社會學的主題，大多數最新的研究可以在學術期刊刊登的論文找到，但我們推薦三本一般讀者容易上手，而且對這個主題提供了很棒的導讀的書籍。第一本是 Martha Nussbaum 的《*Anger and Forgiveness: Resentment, Generosity and Judgement*》（New York: Oxford University Press, 2016）。Nussbaum 是世界知名的哲學家，他在書中重新闡述了可以追溯到亞里斯多德的憤怒觀點，它們不但至今仍然切題，而且很了不起的與晚近的心理學和神經科學研究一致。

第二本是心理學家 Carl Tavris 的《*Anger: the Misunderstood Emotion*》（New York: Simon & Schuster, 1989），它談論廣泛的主題，涵蓋公共和私人憤怒的許多面向。第三本是由認知行為治療先驅之一 Aaron Beck 寫的《*Prisoners of Hate: The Cognitive Basis of Anger, Hostility and Violence*》（London: Harper-Collins, 1999）。Beck 同時提出他自己對憤怒起源的分析，舉出一些引人入勝的歷史和政治案例研究，並提議一些發人深省且實用的治療法給處理憤怒和侵略性後果的第一線工作者。我們在討論憤怒的文獻中發現的挑戰之一，是它缺少一貫和共通的類型學，部分原因是它跨越許多領域，感覺上似乎大不相同的現象被放在一起分析。我們把憤怒區分為四個類別——公眾、私人、道德和部落——雖然不盡完善，但確實有助於釐清和解析我們所關心的問題。

許多文章和書籍寫到「認同政治學」的興起。我們專注的焦點一直是嘗試先了解為什麼政治認同喪失了動員的作用。政治科學家 Peter Mair 的《*Ruling the Void: The Hollowing-out of Western Democracy*》（London: Verso, 2013）詳細說明了西方民主國家的選民過去三十年來拒絕參與和被動員的趨勢，其中有許多與我們的觀察一致。Philip Coggan 睿智的書《*The Last Vote: The Threats to Western Democracy*》（London: Allen Lane, 2013）以深入淺出的觀點討論民主政治的威脅，涵蓋不只金錢的效應。Edward Luce 的《*The Retreat of Western Liberalism*》（London: Little, Brown, 2017）也是此一主題必讀的書。

政治科學家寫過大量有關政黨的文章，但很少人嘗試解析經濟的改變如何影響政黨和政黨制度。其中一篇清楚地解析經濟與政黨政治關聯的文章是 Jonathan Hopkin 和 Mark Blyth 寫的「The Global Economics of European Populism: Growth Regimes and Party System Change in Europe」（Government and Opposition 54:2〔2018〕, 193-225）。

在金融危機後，經濟學專業者投入大量心力在省思全球經濟。這場危機不只暴露出預測失靈，也呈現經濟政策的焦點和方法脫離現實——不夠重視氣候變遷和不平等——以及主流分析工具和政策需要徹底翻修。《金融時報》的 Martin Wolf 透過他對這些問題的專欄文章提供了深刻的洞識。在兩篇明晰的文章中——「Why rigged capitalism is damaging social democracy」（FT, 18 September 2019）和「How to reform today's rigged capitalism」（FT, 3 December 2019）——他概述了哪裡出差錯和該怎麼做。Kate Raworth 的《*Doughnut Economics: Seven Ways to Think Like a 21st-Century Economist*》（London: Random House, 2017）是一本討論經濟學應該如何尋求新平衡，以便把永續性變成其真正核心的精彩著作。另一個較不可能實現但同樣可信的論述，請參考 BrankoMilanovic 才華洋溢的《*Capitalism, Alone: The Future of the System that Rules the World*》（Cambridge, MA: Harvard University Press, 2019）。

已有龐大數量的書籍和文章討論不平等，Thomas Piketty 的巨作《*Capital in the Twenty-First Century*》（Cambridge, MA: Harvard University Press, 2014）居功

厥偉。但儘管是一本暢銷書且在許多方面影響了我們兩個人，它實際上是為專業人士寫的書——也因此至少在經濟學家間引發許多爭議。如果想較輕鬆地了解有關不平等的問題，Tony Atkinson 的《*Inequality: What Can Be Done?*》（Cambridge, MA: Harvard University Press, 2015）是絕佳的選擇。想了解全球格局，Branko Milan-ovic 的《*Global Inequality: A New Approach for the Age of Globalization*》（Cambridge, MA: Harvard University Press, 2016）是不二的選擇。

科技如何影響我們的經濟體——除了對日常生活的明顯效應外——並不是很清楚明瞭的事。見解最深刻的研究者之一是麻省理工學院的 Erik Brynjolfsson。Brynjolfsson 和 McAfee 合寫的《*Race Against the Machine*》（Digital Frontier Press, 2012）可以花一個下午讀完，內容深入而有見地，雖然可能過於誇張。經濟合作發展組織的一篇政策報告提供一個較持平的論述：「Putting faces to the jobs at risk of automation」（https://www.oecd.org/employment/Automation-policy-brief-2018.pdf）。The Roosevelt Institute 的報告「Don't Fear the Robots」（https://

rooseveltinstitute.org/wp-content/uploads/2018/06/Don%E2%80%99t-Fear-the-Robots.pdf）提供一個更質疑的觀點。

經濟學專業對全球金融危機的因應最大的遺漏是在全新政策建議這個領域。不過，我們對直升機錢、國家財富基金和雙軌利率的相關構想已開始形成共識。《金融時報》評論員 Martin Sandbu 在這些議題上寫過許多觀察入微的文章，以及一本卓越的新書《*The Economics of Belonging*》（Princeton, NJ: Princeton University Press, 2020），其論點與本書的討論相當符合。他的《金融時報》專欄「Free Lunch」中所列的一份讀物清單也是絕佳的參考來源。

對不願意或不能支付《金融時報》訂費的人，牛津教授 Simon Wren-Lewis 平易近人的部落格「Mainly Macro」（https://mainlymacro.blogspot.com/）有討論直升機錢和雙軌利率的精彩文章。有關國家財富基金的文獻也不斷增加，Roger Farmer 中肯的文章從理論觀點討論了這個主題。其他值得注意的研究由一些智庫發表，最值得注意的是 Carys Roberts 和 Matthew Laurence 寫的論文

「Our Common Wealth: A Citizens' Wealth Fund for the UK」（https://www.ippr.org/research/publications/our-common-wealth）。我們自己的研究在這個主題上的辯論也有許多貢獻，例如「Print Less but Transfer More」（https://www.foreignaffairs.com/articles/united-states/2014-08-11/print-less-transfer-more）和「Fixing the Euro Zone and Reducing Inequality, Without Fleecing the Rich」（https://hbr.org/2015/01/fixing-the-euro-zone-and-reducing-inequality-without-fleecing-the-rich），以及 Eric Lonergan 的部落格「Philosophy of Money」（https://www.philosophyofmoney.net/blog/）。

對本書中間以三位經濟學家的寓言展開的大歷史變遷感興趣的讀者，不妨閱讀有關這三位經濟學家的著作。第一本是 Karl Polanyi 著名的書《*Great Transformation: The Political and Economic Origins of Our Time*》（Boston, MA: Beacon Press, 2002〔1944〕）。它是十九世紀下半葉到一九三〇年代的英國社會史，延伸來看也是歐洲的社會史。其要旨是「雙向運動」（double movement），即嘗試把社會轉變成商品交易製造了一場反對市場本身的反彈。第二位提及的經濟學家是 John Maynard Keynes，他的書《*The General Theory of Employment, Interest and Money*》（London: Macmillan, 1936）絕不是一本有趣的書，但卻是極其重要的著作。如果你實在啃不下，不妨從十二章開始閱讀到十八章，那是全書重點所在。如果你還是讀不下去，那麼試試 Mark Blyth 的《*Austerity: The History of a Dangerous Idea*》（New York: Oxford University Press, 2015）第四章和第五章。第三位提到的經濟學家 Michal Kalecki 相關的讀物較少。他的「Political Aspects of Full Employment」最早刊登在一九四三年的《*Political Quarterly*》期刊（https://onlinelibrary.wiley.com/doi/abs/10.1111/j.1467-923X.1943.tb01016.x）只有七頁長。Kalecki 在文中解釋為什麼充分就業的資本主義會削弱自身，以及是誰會削弱它。那是一篇一直不斷讓我們稱奇的文章。

社會科學家向來對老齡化感興趣，但老齡人口對經濟的影響是一個相對新的研究領域。有關對嬰兒潮世代的廣泛批評可參考 Bruce Cannon Gibley 的

《*A Generation of Sociopaths*》（London: Hachette, 2017），以及 Steven Brill 較嚴苛但也較深入的《*Tailspin*》（New York: Knopf, 2018）是一個很好的入手處。有關較技術性的研究，美國聯準會長期以來就在思考這方面的影響，例如 Sheiner 等人的「A Primer on the Macroeconomic Implications of Population Aging」（https://www.federalreserve.gov/pubs/FEDS/2007/200701/200701pap.pdf）和 Niklas Engbom 的「Firm and Worker Dynamics in an Aging Labor Market」（https://www.minneapolisfed.org/research/wp/wp756.pdf）。

在我們日常生活的個體層次上，Elizabeth Anderson 的《*Private Government: How Employers Rule our Lives (and Why We Don't Talk about It)*》（Princeton, NJ: Princeton University Press, 2017）是一個好的開始。然後試試 Richard Wilkinson 和 Kate Pickett 的《*The Spirit Level: Why Equality is Better for Everyone*》（London: Penguin, 2010）以了解長期不平等帶來災難效應的論證。最後，Anne Case 和 Angus Deaton 的論文「Mortality and Morbidity in the 21st Century」（https://www.

brookings.edu/wp-content/uploads/2017/08/casetextsp17bpea.pdf）是我們如何對應這類壓力源和付出什麼代價的悲慘控訴。

致謝

眾多的同事和朋友貢獻了本書背後的思維。其中許多人可能不同意書中的許多觀點。我們從與Martin Wolf、Martin Sandbu、James Mackintosh、Adair Turner、Angus Armstrong、Roger Farmer、Carolina Alves、Anand Menon、Michael Burleigh、Frances Coppola、Daniel Mytnik、James Hanham、Simon Tilford、John Springford、Dave Fishwick、Jenny Rogers、Tony Finding、Tristan Hanson、Juan Nevado、Megan Greene、Simon Wren-Lewis、Kate Raworth、Roman Krznaric、Sony Kapoor、Alev Scott、Rupert Taylor、Clare Patey、Stewart Gilchrist、Nigel Kershaw、Kevin Riches、Matthias Matthijs、Jonathan Hopkin、Stephen Kinsella、Holly Goulet、Joe Hanrahan、Kimberly Witherspoon、Sarah

Russo、Vicky Capstick、Rose McDermott、Carys Roberts、Wade Jacobi 、John and Shelley Sawers 以及 Matthew Lawrence 討論書中的許多論點獲益良多。

一些政策構想，例如雙軌利率，已在《金融時報》和推特上經過充分辯論。在推特的論壇我們從 Brad Delong、David Andolfatto、Nick Rowe、Tony Yates、David Beckworth 和 Chris Dillow 的回饋得到莫大的助益。非營利組織 Positive Money 的 Fran Boait 和 Stan Jourdan，以及 Bruegel 的 Gregory Claeys 影響了我們的政策思維。Agenda 的 Steven Gerrard 再一次以意見和關心提供我們協助。

艾瑞克想對他的夥伴 Corinne Sawers 的睿智和活力致謝，它們總是在每個關卡挑戰他並協助他。他的女兒 Gina 和 Maia，以及她們的祖母 Corinna Salvadori 是他永遠的靈感來源。

馬克想感謝他妻子 Jules 堅定地拒絕參與他的任何寫作。也許本書可能證明是例外。

註釋

1. "We thought we were over that", *The Guardian*, Panama Papers Special Investigation, 11 April 2016; https://www.theguardian.com/world/2016/apr/11/we-thought-we-were-over-all-that-angry-icelanders-feel-like-its-2008-again?CMP=fb_gu。
2. "Testing theory: marginal product and wages", The FRED Blog, 29 August 2016; https://fredblog.stlouisfed.org/2016/08/ testing-theory-marginal-product-and-wages/。
3. "Will Brexit pollsters again help hedge funds make millions?", *Deutsche Welle*, 15 July 2019; https://www.dw.com/en/will-brexit-pollsters-again-help-hedge-funds-make-millions/a-49518827。

4. Jonathan Hopkin & Mark Blyth, "The global economics of European populism: growth regimes and party system change in Europe", *Government and Opposition* 54:2 (2019), 193-225。

5. Ben Bernanke, "The Great Moderation", remarks at the Eastern Economic Association meeting, 20 February 2004: https:// www.federalreserve.gov/boarddocs/speeches/2004/20040220/。

6. See Mary O'Hara, "A journey to the sharp end of cuts in the UK", Austerity Bites; http://www.austeritybitesuk.com。

7. 晚近且影響重大的例證之一，是不同年齡層在二〇一九年英國選舉的投票方式：參考：https://twitter.com/MkBlyth/status/1207430591622209537。

8. 有關英國脫歐的代價請參考 https://twitter.com/MkBlyth/status/1208317852018601984。

9. See, for example, "Anger motivates people to vote", Institute for Social Research, University of Michigan; https://isr.umich.edu/news-events/insights-newsletter/

article/anger-motivates-people-to-vote-u-m-study-shows/ 。

10. See Eric Lawrence, John Sides & Henry Farrell, "Self-segregation or deliberation? Blog readership, participation and polarization in American politics", *Perspectives on Politics* 8:1 (2010), 141-57 。

11. See Johannes Karreth, Jonathan Polk & Christopher Allen, "Catchall or catch and release? The electoral consequences of Social Democratic parties' march to the middle in Western Europe", *Comparative Political Studies* 46:7 (2013), 791-822 。

12. O. Klimecki, D. Sander & P. Vuilleumier, "Distinct brain areas involved in anger versus punishment during social interactions", *Sci Rep* 8, 10556 (2018), doi:10.1038/s41598-018-28863-3 。

13. Martha Nussbaum, *Anger and Forgiveness*, 20 。

14. Dani Rodrik, "The inescapable trilemma of the world economy" (2007); https://rodrik.typepad.com/dani-rodriks-weblog/2007/06/the-inescapable.html 。

15. Thiemo Fetzer, "Did austerity cause Brexit?",CESifo Working Paper Series, 7159

(2018), 5。

16. Board of Governors of the Federal Reserve System, "Report on the economic wellbeing of US households in 2017", 1; https:// www.federalreserve.gov/publications/files/2017-report-economic-well-being-us-households-201805.pdf。

17. Board of Governors of the Federal Reserve System, FEDS Notes, "A wealthless recovery"; https://www.federalreserve.gov/econres/notes/feds-notes/asset-ownership-and-the-uneven-recovery-from-the-great-recession-20180913.htm。

18. Anne Case & Angus Deaton, "Mortality and morbidity in the 21st century", *Brookings Papers on Economic Activity*, spring 2017; https://www.brookings.edu/wp-content/uploads/2017/08/casetextsp17bpea.pdf。

19. See Stephen Margolin& Juliet Schor, *The Golden Age of Capitalism* (New York: Oxford University Press, 1992)。

20. See Eric Helleiner, *States and the Re-emergence of Global Finance* (Ithaca, NY: Cornell University Press, 1994)。

21. See Juliet Johnson, *The Priests of Prosperity* (Ithaca, NY: Cornell University Press, 2016)。

22. See "Citibank launches $100 million ad campaign"; https://www.marketingsherpa.com/article/citibank-launches-100-million-ad。

23. See Richard Wilkinson & Kate Pickett, *The Spirit Level: Why Greater Equality Makes Societies Stronger* (London: Allen Lane, 2009)。

24. See respectively, Carl Frey & Michael Osborne, "The future of employment" (2013); https://www.oxfordmartin.ox.ac. uk/downloads/academic/The_Future_of_Employment. pdf; Bank of England, "Will a robot takeover my job"; https://www.bankofengland.co.uk/knowledgebank/will-a-robot-takeover-my-job and OECD, "Automation, skills use and training" (2018); https://www.oecd-ilibrary.org/fr/employment/automation-skills-use-and-training_2e2f4eea-en。

25. 以「robots and employment」搜尋《金融時報》從二〇〇九到二〇二〇年的檔案，得到四百零三個結果。

26. See Matthew Tracey & Joachim Fels, "70 is the new 65", Pimco (2016); https://www.pimco.com/en-us/insights/viewpoints/in-depth/70-is-the-new-65-demographics-still-support-lower-rates-for-longer。

27. See Timo Fetzer, "Did austerity cause Brexit?" (2018), Warwick economics research papers series (WERPS) working paper 1170; http://wrap.warwick.ac.uk/106313/ and Sascha Becker & Thiemo Fetzer, "Does migration cause extreme voting?", CAGE Online Working Paper Series 306; https://ideas.repec.org/p/cge/wacage/306.html。

28. See Margaret Peters, *Trading Barriers: Immigration and the Remaking of Globalization* (Princeton, NJ: Princeton University Press, 2017)。

29. See Philip Coggan, *The Last Vote: The Threats to Western Democracy* (London: Penguin, 2013)。

30. See Frank Newport, "Americans continue to say U.S. wealth distribution is unfair", Gallup, 4 May 2015; https://news.gallup.com/poll/182987/americans-continue-say-wealth-distribution-unfair.aspx。

31. Eric Lonergan& Mark Blyth, "Fixing the euro zone and reducing inequality without fleecing the rich", *Harvard Business Review*, 9 January 2015: https://hbr.org/2015/01/fixing-the-euro-zone-and-reducing-inequality-without-fleecing-the-rich; Eric Lonergan and Mark Blyth, "Beyond bailouts", IPPR discussion paper, March 2020, https://www.ippr.org/files/2020-03/1585237065_beyond-bailouts-march2020.pdf。

32. See "New York dangled extra incentives in initial bid to lure Amazon HQ2", *Wall Street Journal*, 11 January 2020; https:// www.wsj.com/articles/new-york-dangled-extra-incentives-in-initial-bid-to-lure-amazon-hq2-11578153600。

33. ElgaBartsch, Jean Boivin, Stanley Fischer & Philipp Hildebrand, "Dealing with the next downturn: from unconventional monetary policy to unprecedented policy coordination", SUERF Policy Note 105 (October 2019); https://www.suerf.org/docx/f_77ae1a5da3b68dc65a9d1648242a29a7_8209_suerf.pdf。

國家圖書館出版品預行編目 (CIP) 資料

憤怒經濟學：物價飆升、薪資凍漲、貧富差距惡化，資本主義運作當機如何讓我們感到憤怒？/ 艾瑞克 ・ 洛內甘（Eric Lonergan）、馬克 ・ 布萊斯（Mark Blyth）著 ; 吳國卿譯 . -- 初版 . -- 臺北市 : 商周出版 : 英屬蓋曼群島商家庭傳媒股份有限公司城邦分公司發行 , 民 111.11

面； 公分

譯自 : Angrynomics

ISBN 978-626-318-471-8(平裝)

1.CST: 政治經濟學

550.1657 111016716

莫若以明 BA8034

憤怒經濟學

物價飆升、薪資凍漲、貧富差距惡化，資本主義運作當機如何讓我們感到憤怒？

原文書名／Angrynomics
作　　者／艾瑞克・洛內甘（Eric Lonergan）、馬克・布萊斯（Mark Blyth）
譯　　者／吳國卿
責任編輯／陳冠豪
版　　權／吳亭儀、林易萱、江欣瑜、顏慧儀
行銷業務／周佑潔、林秀津、黃崇華、賴正祐、郭盈君

總 編 輯／陳美靜
總 經 理／彭之琬
事業群總經理／黃淑貞
發 行 人／何飛鵬
法律顧問／台英國際商務法律事務所
出　　版／商周出版
台北市中山區民生東路二段 141 號 9 樓
電話：(02)2500-7008　傳真：(02)2500-7759
E-mail：bwp.service@cite.com.tw
Blog：http://bwp25007008.pixnet.net/blog
發　　行／英屬蓋曼群島商家庭傳媒股份有限公司城邦分公司
台北市中山區民生東路二段 141 號 2 樓
書虫客服服務專線：(02)2500-7718・(02)2500-7719
24 小時傳真服務：(02)2500-1990・(02)2500-1991
服務時間：週一至週五 09:30-12:00・13:30-17L00
郵撥帳號：19863813　戶名：書虫股份有限公司
讀者服務信箱：service@readingclub.com.tw
歡迎光臨城邦讀書花園　網址：www.cite.com.tw
香港發行所／城邦（香港）出版集團有限公司
香港灣仔駱克道 193 號東超商業中心 1 樓
電話：(825)2508-6231　傳真：(852)2578-9337
E-mail：hkcite@biznetvigator.com
馬新發行所／城邦（馬新）出版集團【Cite (M) Sdn. Bhd.】
41, Jalan Radin Anum, Bandar Baru Sri Petaling,
57000 Kuala Lumpur, Malaysia.
電話：(603)9056-3833　傳真：(603)9057-6622
E-mail: services@cite.my

封面設計／兒日設計　　內文排版／李偉涵
印　　刷／韋懋實業有限公司
經 銷 商／聯合發行股份有限公司　電話：(02)2917-8022　傳真：(02) 2911-0053
地址：新北市新店區寶橋路 235 巷 6 弄 6 號 2 樓

■ 2022 年（民 111 年）11 月初版

Printed in Taiwan
城邦讀書花園
www.cite.com.tw

定價／380 元（紙本）　260 元（EPUB）
ISBN：978-626-318-471-8（紙本）
ISBN：978-626-318-474-9（EPUB）